生産緑地はこう活用するQ&A

2022年問題に向き合う

藤田 壮一郎
一級建築士
宅地建物取引士

原 雅彦
宅地建物取引士
ファイナンシャルプランナー

中村 優
税理士
公認会計士

共 著

まえがき

　首都圏、中部圏、近畿圏の三大都市圏の特定市などの市街化区域内にある広大な農地「生産緑地」の多くが2022年に宅地化されるのではないか、もしそうなると、都市農家の問題だけではなく不動産市場をはじめ多くの分野にも影響を与え、社会問題化するのではないか、と関心を集めています。

　生産緑地とは良好な都市環境、住環境を保全するため、都市計画法によって定められた市街化区域内の農地です。厳しい制約を受けているため、営農以外には手をつけるすべがなく、これまでほとんど話題になることもありませんでした。

　そのような生産緑地が急に注目されるようになったのは、全国にある約1万3000ha（約4000万坪）の生産緑地のうち、約80％の約1万ha（約3000万坪）が2022年に宅地化も可能な「生産緑地の指定後30年」を迎えるからです。

　すでに26年以上が経過した現在、都市化の進展によって生産緑地の周辺環境は様変わりし、都市農家の生活自体も大きく変化しています。

　農業収入だけでは収支が厳しく、アパート・マンション経営など不動産事業が主体の都市農家が増える一方で、農業従事者は高齢化し、子どもは会社勤めを選ぶようになり、農業を継続するにも後継者不在の状態になっています。それでも制約のある生産緑地を維持するため、不動産事業による収入を投入している農家も出てくるようになりました。

　そのような状況から、都市農家の多くが指定後30年を迎える2022年に、生産緑地法に従って「買取り申出（かいともうしで）」を地方自治体に対して行い、宅地化を選ぶのではないか、もし宅地化に踏み切れば不動産市場において、宅地の急増、地価の大暴落という事態が起きるのではないかと問題視されるようになり、「生産緑地2022年問題」としてクローズアップされるようになりました。

　2017年に生産緑地法が改正され、同年12月には「2018年度税制改正大綱」が閣議決定され、生産緑地関連の税制も改正されました。生産緑地2022年問題への対策といってよいと思います。

　2017年の生産緑地法改正で「特定生産緑地」が創設され、指定後30年を

迎える生産緑地はその指定を受けると、買取り申出までの期間を10年延長でき、10年ごとに更新できることになりました。生産緑地内には制限付きながらも農産物の直売所や農家レストランも認められました。

また、2018年には「都市農地の貸借の円滑化に関する法律」（都市農地貸借法）が制定され、生産緑地の貸借ができるようになり、相続税の納税猶予を受けていても打切りとならずに賃貸できるようになりました。

都市農家の中には、30年間の制約に耐えればその後は生産緑地の宅地化も営農の継続も自由にできると考えていた人も少なからずいたと思いますが、2017年から2018年に施行された生産緑地関連の法改正、税制改正により、生産緑地を所有する都市農家は1992年時のように再び難しい選択を迫られることになりました。

2022年に向け、さまざまな選択肢がありますが、大別すると、特定生産緑地の指定を受けるか、宅地化を目指して買取り申出を行うかに分かれます。

特定生産緑地を選択した場合、買取り申出ができるまでの期間をさらに10年先延ばしできます。

特定生産緑地の指定を受けずに買取り申出を選択する場合は、指定30年経過後であればすぐにでも買取り申出ができますし、これまでのまま生産緑地で営農を続け、機会をみて買取り申出を行うこともできます。ただし、特定生産緑地の指定を受けない生産緑地の固定資産税は指定後30年経過時から宅地課税となります。なお、この場合は急激な負担増を防ぐため、激変緩和措置が適用されます。

買取り申出をして宅地化を目指す場合、2022年以降、有効な活用方法が見つかれば新たな出発ができます。大切なことは早期に検討に入ることです。早ければ早いほど余裕をもって総合的に多角的にメリット、デメリットを比較検討しながら、生産緑地の効果的な活用方法を探ることができます。

このほか、2022年を待たずに今すぐに行える生産緑地の活用方法として、好立地の生産緑地とそうでない宅地などとを「換地」したうえで、生産緑地を一部残したまま、好立地の生産緑地を宅地化して有効活用する方法や、社会福祉法人などの公益施設（介護施設や認可保育園など）の敷地として生産

緑地を活用する方法もあります。

　特に特別養護老人ホームへの活用には、地方自治体にもよりますが、待機者問題を解決するため、定期借地権による貸し地や自ら建貸しする場合に補助金制度が設けられており、この制度を利用すれば、都市農家は重い負担をともなわずに2022年問題から解放されるため、2022年の選択肢とともに比較検討する農家も出てきています。

　いずれの方法を選択するにしても、都市農家に必要なことは生産緑地の活用方法について安易に結論を出さないことです。生産緑地は将来のあり方に大きく影響する貴重な資産だからです。

　都市農家が抱えている課題をどのように解決するか、将来の生計の柱を何に求めるか、家族のための安定収入をどのように確保していくかなど、生産緑地の活用方法が将来設計のすべてにかかわってきます。

　生産緑地の活用方法は、立地条件や都市農家個々の事情よって異なりますが、共通しているポイントは、生産緑地だけでなく所有するそのほかの宅地や農地などの活用状況を合わせて、総合的、多角的に検討することです。現在の状況や今後希望する方向を明確にすると、生産緑地をどう活用すればよいかが見えてきます。

　都市農家はこの機会を新たな出発、新たな未来を切り開く好機としてとらえ、2022年に向けた生産緑地の活用方法を検討するべきです。その際、外部の専門的な知識を積極的に取り入れることも重要です。

　2022年に向けて、約1万haの生産緑地がどの方向に進み、どのように活用されるかは、都市農家だけでなく、さまざまな分野の関係者も無視できない状況になってきています。

　そこで、本書では生産緑地に関する2022年問題、一連の法改正・税制改正、活用方法などを紹介し、生産緑地の所有者は2022年に向けてどう準備すればよいか、関係者はどうアドバイスすればよいかについて、実務に携わる3人の専門家がまとめました。皆さまのお役に立てれば幸いです。

　なお、本書の巻末に「用語解説と索引」を設けています。ご活用ください。

2019年1月15日

第3刷発行にあたって

　本書発刊から1年余りが経過しました。その後、各地方自治体の特定生産緑地に関する動きも本格化し、説明会や指定手続きも始まっています。

　特定生産緑地の指定の受付期間は地方自治体によって異なります。法文上は特定生産緑地の指定は「（生産緑地の）告示日から30年経過する日までに」行うとされていますが、審査に一定の期間を要するため、実際には、30年経過日のおおむね1年〜半年前に指定の申請が締切られますので注意が必要です。また、予定が変更となる可能性もありますので、事前にご確認ください。

　地方自治体は緑地を保全する立場にあり、多くの説明会では特定生産緑地の指定申請の説明に終始し、明確な見通しを立てていない所有者に対して、ひとまず特定生産緑地の指定を受けるように促すような姿勢も散見されます。

　しかしながら、この度の機会は生産緑地所有者やその家族にとって、生産緑地の活用方法を自ら選択できる、30年振りに訪れたチャンスでもあります。特定生産緑地の指定を受けると次の機会は10年先まで巡ってきません。

　また、選択肢は必ずしも特定生産緑地か否かの単純な二者択一ではなく、所有する生産緑地の一部を特定生産緑地とし、残りを開発するといった多様な手法が考えられ、本書はそうした検討を手助けする構成となっています。

　このような事情を踏まえ、皆さまには指定後30年を迎えるこの節目を、農業の承継や相続といった都市農家のさまざまな課題に向き合い、確かな将来設計を構築する機会としてとらえ、後悔のない決断を下していただきたいとの思いから、増刷（第3刷）に際し、若干の加筆修正をいたしました。

　2022年には約80％の生産緑地が指定後30年を迎えますが、所有者の方にとって特定生産緑地の申請期限を控えた、今がまさに正念場だといえます。

　すでに特定生産緑地の指定申請を決意されている方も、買取り申出を決意されている方も、まだいずれとも決めかねている方も、この機会に今一度、生産緑地の活用方法について、ご家族とともに、多角的、総合的に検討されてはいかがでしょうか。

2020年6月1日

生産緑地はこう活用する Q&A　目次

まえがき ………………………………………………………………………… 2

第1章　生産緑地2022年問題とは

- Q1　生産緑地とは ……………………………………………………… 12
- Q2　生産緑地が今なぜ注目されるのか ……………………………… 13
- Q3　「生産緑地2022年問題」となぜいわれるのか ………………… 14
- Q4　宅地化を希望する都市農家はなぜ存在するのか ……………… 15
- Q5　生産緑地2022年問題への国の対応は …………………………… 16
- Q6　生産緑地2022年問題にどう向き合うべきか …………………… 17
- Q7　生産緑地が表舞台へ引き出された背景は ……………………… 18
- Q8　都市農業振興基本計画の内容やその影響は …………………… 19
- Q9　都市農地に関する法律はどう変わったか ……………………… 20

第2章　変わる生産緑地制度

- Q10　2017年の生産緑地法改正とは …………………………………… 22
- Q11　指定面積の引き下げで何が変わったか ………………………… 23
- Q12　道連れ防止効果とは ……………………………………………… 24
- Q13　設置可能となった農産物直売所や農家レストランとは ……… 25
- Q14　「建てられない」は解消されたか ……………………………… 26
- Q15　創設された特定生産緑地とは …………………………………… 27
- Q16　2022年以降の解除要件と買取り申出の注意点とは …………… 28
- Q17　「都市農地の貸借の円滑化に関する法律」とは ……………… 30
- Q18　認定事業計画に基づく貸付けとは ……………………………… 31
- Q19　特定都市農地貸付けとは ………………………………………… 33
- Q20　創設された田園住居地域とは …………………………………… 34
- Q21　2018年の農業経営基盤強化促進法改正とは …………………… 35
- Q22　2018年度税制改正による生産緑地への影響は ………………… 36
- Q23　固定資産税の扱いはどう変わったか …………………………… 37

- Q24 相続税・贈与税の納税猶予制度はどう変わったか ……………… 39
- Q25 納税猶予の打切りとは ………………………………………………… 41
- Q26 納税猶予はなぜ避けるべき選択肢なのか ………………………… 43
- Q27 2022年以降に生まれる4つの性格の異なる生産緑地とは ………… 44

第3章　生産緑地の基礎知識

- Q28 生産緑地はどういう背景で誕生したか ……………………………… 48
- Q29 1974年制定の生産緑地法への都市農家の反応は ………………… 49
- Q30 生産緑地の指定が進まなかったのはなぜか ……………………… 50
- Q31 1992年の改正生産緑地法の成立まで時間がかかったのはなぜか ……… 51
- Q32 1992年の改正生産緑地法とは ……………………………………… 52
- Q33 1992年の改正生産緑地法によるメリット、デメリットは ………… 53
- Q34 1992年の改正生産緑地法への都市農家の反応は ………………… 54
- Q35 都市農家は生産緑地の指定後二十数年間でどう変わったか ……… 55
- Q36 生産緑地は全国にどのくらいあるか ………………………………… 56
- Q37 1992年の改正生産緑地法施行以降の生産緑地の推移は ………… 59
- Q38 線引き、市街化区域、市街化調整区域とは ………………………… 60
- Q39 都市計画区域での生産緑地の位置づけは …………………………… 61
- Q40 市街化区域内の用途地域とは ………………………………………… 62
- Q41 三大都市圏の特定市とは ……………………………………………… 63
- Q42 宅地化希望の場合も買取り申出がなぜ必要か ……………………… 64
- Q43 買取り申出から宅地化までの手順は ………………………………… 65

第4章　生産緑地と税制

- Q44 生産緑地の固定資産税は ……………………………………………… 68
- Q45 生産緑地の財産評価とは ……………………………………………… 70
- Q46 農地の相続税の納税猶予制度とは …………………………………… 72
- Q47 贈与税の納税猶予と相続税の納税猶予の関係は …………………… 74
- Q48 相続税の納税猶予打切りの確定事由とは …………………………… 76
- Q49 遊休農地の課税強化とは ……………………………………………… 78
- Q50 相続税の納税猶予の対象となる農地とは …………………………… 79

Q51	生産緑地を貸付けた場合の相続税の納税猶予の取扱いは	80
Q52	相続税の納税猶予制度の変遷は	81
Q53	2018年度税制改正の納税猶予制度への影響は①	83
Q54	2018年度税制改正の納税猶予制度への影響は②	86

第5章　生産緑地の所有者が検討すべきこと

Q55	生産緑地所有者は2022年へ向けて何をするべきか	90
Q56	将来の生計の柱をどう検討するか	92
Q57	解決したい問題、実現したい課題をどう洗い出すか	94
Q58	問題解決、課題実現のための資金調達をどうするか	95
Q59	生産緑地以外の土地活用の検討はなぜ必要か	96
Q60	余剰宅地の活用方法の見直しはなぜ必要か	97
Q61	採算性の悪い事業用地はどう見直すか	98
Q62	貸し宅地（底地）はどう見直すか	99
Q63	換地の可能性の検討をなぜすすめるのか	100
Q64	換地による生産緑地の有効活用とは	101
Q65	特定生産緑地を選択する場合のポイントは	103
Q66	生産緑地を分割する場合のポイントは	104
Q67	指定後30年経過時に買取り申出をする場合のポイントは	105
Q68	2022年以降の状況を見ながら買取り申出をする場合のポイントは	107
Q69	生産緑地の有効活用を検討する際の心構えは	108
Q70	生産緑地について誰に相談すればよいか	109
Q71	生産緑地の売却を検討するときの注意点は	110

第6章　今できる生産緑地の活用方法

Q72	農業を続ける場合の生産緑地の有効活用は	112
Q73	超高齢化時代の生産緑地の有効活用は	114
Q74	特養に土地を貸す――今できる活用方法①	115
Q75	特養に土地を貸す――東京都の例	117
Q76	特養に土地を貸す――50年定期借地	119
Q77	特養を建設して建貸しする――今できる活用方法②	121

Q78	社会福祉法人を設立して土地を寄付する──今できる活用方法③ …… 123
Q79	社会福祉法人とは ……………………………………………………… 125
Q80	認可保育園に土地を貸す──今できる活用方法④ ………………… 127
Q81	定期借地権とは ………………………………………………………… 129

第7章　農地、宅地、買取り申出後の生産緑地の活用例

Q82	都市農地の資産価値と活用の際の注意点は ………………………… 132
Q83	定期借地権付き分譲マンション──確実に土地が戻る① ………… 135
Q84	定期借地権付き戸建て分譲住宅──確実に土地が戻る② ………… 137
Q85	ロードサイド店舗──20年くらいの短期の活用方法 ……………… 138
Q86	ガレージ付きアパート──収益物件を建てる（敷地：小）① …… 140
Q87	トランクルーム──収益物件を建てる（敷地：小）② …………… 142
Q88	音楽愛好家マンション──収益物件を建てる（敷地：中）① …… 144
Q89	学生マンション──収益物件を建てる（敷地：中）② …………… 146
Q90	優良戸建て住宅群──収益物件を建てる（敷地：大） …………… 148
Q91	カレッジリンク型シニアハウス──大きな農地に向く活用方法 … 150

おわりに

| Q92 | 専門家、不動産関係者、金融機関の都市農家への対応は …………… 154 |
| Q93 | 結論として生産緑地の所有者はどうすればよいか ………………… 157 |

用語解説と索引 ……………………………………………………………… 160

著者プロフィール ……………………………………………………………… 170

第1章

生産緑地2022年問題とは

Q.1

生産緑地とは

A. 都心を離れて一歩郊外に出ると、駅前商店街の裏側に広大な農地を見つけ、「なぜこんなところに、こんな広い農地が」と思うことがあります。よく見ると、片隅に「生産緑地地区」の立て看板があります。

「生産緑地」とは、首都圏、中部圏、近畿圏の三大都市圏の特定市（Q41参照）などの市街化区域内にある農地のうち、良好な都市環境と住環境を保全・維持するために、生産緑地法によって生産緑地の指定を受けている農地のことです。

現在ある生産緑地のほとんどは、1992年の「改正生産緑地法」の施行時に指定を受けているため、面積は1区画500㎡以上です。生産緑地には数千㎡から1万㎡以上のところもあります。都市部の1区画の土地としてはかなり広大です。

ただし、都市部には500㎡に満たない農地もあり、都市農地の保全をしやすくするため、2017年の生産緑地法改正により、地方自治体の条例で生産緑地指定の面積の下限を1区画300㎡まで引き下げられるようになりました。生産緑地など都市農地の位置づけも「宅地化すべきもの」から「都市にあるべきもの」に変わりました。

Q.2

生産緑地が今なぜ注目されるのか

A. 「改正生産緑地法」が1992年に施行され、都市農家の多くが「指定後30年」という「解除要件」（生産緑地の指定が外される要件）を受け入れ、生産緑地の指定を受けました。その指定後30年が2022年に迫っています。

　生産緑地の指定を受けると、固定資産税が極めて低額となるほか、相続税・贈与税の納税猶予などの優遇措置が適用されます。しかし、30年間は「売れない、貸せない、建てられない、担保にもならない」という厳しい制約がついています。

　多くの都市農家が今、最も活用したいのは主要資産の生産緑地です。面積が広く、宅地化できればさまざまな用途に使えます。しかし、30年のしばりがあります。解除要件を満たす特別なケースを除くと、耕作する以外には活用する方法がありません。

　そのため、今日まで市街地や住宅街の中にあっても周辺の風景に溶け込んだ静かな存在となっていました。

　全国に生産緑地が約1万3000ha（約4000万坪）あることも、東京都が最も多く約3300ha（約1000万坪）あることも、ほとんど知られていませんでした。

　ところが、2016年に都市農業振興基本計画で、都市農地の位置づけが大転換されました。それまで生産緑地以外の農地は都市計画上「宅地化すべきもの」となっていましたが、都市農地の位置づけが「都市にあるべきもの」へと転換されたのです。

　真っ先に注目されたのが市街化区域内で保存すべき存在の生産緑地です。

　一方、多くの生産緑地が宅地化も可能な「買取り申出（かいとりもうしで）」ができる指定後30年を迎える2022年が迫っています。

　保全か宅地化か、関心は「生産緑地2022年問題」として高まりました。

Q.3

「生産緑地2022年問題」となぜいわれるのか

A. 全国にある生産緑地約1万3000 ha（約4000万坪）の約80％にあたる約1万ha（約3000万坪）が、2022年に宅地化も可能な買取り申出ができる指定後30年を迎えます。

都市化の進展によって生産緑地の周辺環境も、都市農家自体も変化した今日、地域によって異なるものの、一部の生産緑地の所有者にとって2022年は買取り申出ができる待ちに待った指定後30年経過の年でもあります。

生産緑地の所有者が買取り申出をした場合、時価となるため、予算的に地方自治体が買い上げることや、農業関係者への買取り斡旋が成立することはほとんどありません。結果として宅地化されることになります。

買取り申出ができる約1万ha（約3000万坪）は、戸建て住宅1戸の敷地面積を100㎡（約30坪）とすると、約100万戸の住宅が建つ計算になり、そこに親子3人が住めば約300万人になります。大阪市、または福岡市と京都市を合わせた人口に匹敵するほどの人が住める面積です。

もし、都市農家の多くが宅地化に踏切れば、宅地の過剰供給、地価の大暴落は必至です。不動産市場だけでなく、わが国の経済全体にまで影響を及ぼし、社会問題化しかねません。「生産緑地2022年問題」といわれる所以です。

しかも、2022年は東京五輪の2年後です。国全体が五輪に向かった後だけに、社会全体は大波が引いた後のような状況から脱しきれていないかもしれません。

現代はグローバル化、ネット化し、情報が即時に世界中を駆けめぐる時代です。2年もすれば不動産市場はポスト五輪の次の目標を見つけ、ある程度の宅地の供給量増加なら問題ではないかもしれません。ただし、現時点では不透明としかいいようがありません。

Q.4

宅地化を希望する都市農家はなぜ存在するのか

A. 1992年の改正生産緑地法による生産緑地の指定からすでに26年以上が経過し、生産緑地の周辺環境も、都市農家自体も、社会そのものも大きく変化しているからです。

　地主は高齢化し、子どもは農業以外の仕事に従事しているケースが大半です。営農を継続するにも後継者がいない状態です。

　しかも、多くの都市農家は都市化の中で、農業収入だけでは農地を維持することが厳しくなっています。そのため、余剰宅地や一般農地を宅地化して活用し、マンションや貸しビルなど、収入源を農業以外に求めるようになりました。農業を継続するために、ほかの事業収入を投下しなければならないという状態も起きています。

　このように生産緑地の周辺環境も、都市農家自体も、社会そのものも大きく変化した中で、約80％の生産緑地が買取り申出のできる指定後30年を迎える2022年に、宅地化を希望する都市農家が存在するのはごく自然なことです。

　生産緑地は第三者から見れば、環境面などから保全すべきだ、いや宅地化して有効活用したほうがよいなどと、何とでもいえます。

　しかし、生産緑地を所有する当事者は家族を含めて、将来がかかっています。どう活用するかを決めるのは所有者です。

　都市農家にとって生産緑地は大きな個人資産で、活用の仕方によっては大きな収益を生み出します。周辺環境の先々の変化まで考えるとき、可能ならばこの機会に宅地化するなどして、自分の代で最良の状態にしたうえで後継者に引き継がせたいと思っても何ら不思議ではありません。

Q.5 生産緑地2022年問題への国の対応は

A. 生産緑地の約80％が解除要件の指定後30年を迎える2022年に、多くの生産緑地所有者が買取り申出を申請して、宅地化に踏み切るのではないかという懸念を行政や農業団体は抱いています。

時代の変化の中で都市農家が感じている30年という解除要件の重さを行政サイドも感じとっているからです。

行政には良好な都市環境の維持、都市農業の活性化のために、今ここで都市農地の保全策を講じなければ、緑のない空疎な市街地が増え、良好な都市環境は形成できなくなるとの認識がありました。

そこで、2016年に都市農業振興基本計画によって、都市農地は「宅地化すべきもの」から「都市にあるべきもの」へと位置づけが転換され、都市農地（生産緑地）の保全強化が始まりました。

2017年に都市の緑空間の保全・活用に関連する「都市緑地法等の一部を改正する法律」が成立し、「生産緑地法」では特定生産緑地制度を創設し、「特定生産緑地」の指定を受けた場合の優遇措置を盛り込んだ「2018年度税制改正大綱」が閣議決定され、同年6月には相続税の納税猶予を継続しながら生産緑地を貸借できるようにした「都市農地の貸借の円滑化に関する法律」（都市農地貸借法）も成立しました。これらは、すべて国による生産緑地2022年問題対策とみることもできます。

いずれも、都市農業、都市農地の多様な機能の活用を前面に出し、新たに創設された特定生産緑地制度によって良好な生産緑地を保全し、宅地化を極力抑える法改正、税制改正となりました。

Q.6

生産緑地2022年問題にどう向き合うべきか

A. 都市農家にとって生産緑地とは、収益を生み出し、将来の生計を支える重要な要素となります。

　活用の仕方次第で、相続税、固定資産税、借入金、納税猶予などの問題を解決する主要な資金源にもなり得ます。

　しかし、生産緑地をどう活用するかは、生産緑地の立地条件や周辺環境によっても異なります。生産緑地の所有者の年齢や体力、後継者の有無、営農継続への意欲、賃貸業や自営業への意欲など、個々のさまざまな事情や思いも大きく影響します。

　ただ、生産緑地に関連した法改正、税制改正で2022年に向けた選択肢が絞られてきていることだけは確かです。しかも、新たに設けられた「特定生産緑地」への申請を、生産緑地の指定後「30年経過までに」行う必要があるため、検討時間はそれほどあるわけではありません。

　後述しますが、2022年以降の生産緑地の選択肢の検討は、特定生産緑地の申請の有無だけでなく、そのほかの資産（土地）活用の見直しも含めて行うべきです（第5章、第6章、第7章参照）。

　頭の中だけで簡単に結論を出さず、シミュレーションしながら、総合的、多角的に行うことが大切です。これは将来を切り開くまたとないチャンスと考えるべきです。そして今すぐに取組むべきです。

　生産緑地の所有者も自分だけで対策を考えるのではなく、家族とも相談し、親身になって相談に乗ってくれる専門家がいれば積極的に意見を聞くべきです。最終的に結論を出すのは、生産緑地の所有者自身であり、家族なのです。

　都市農家と接触の機会が多い企業や専門家も、生産緑地に関する法改正や税制改正、生産緑地の活用方法などの知識を身につけ、生産緑地の所有者の相談に乗り、情報や対策を積極的に提案すべきです。

Q.7

生産緑地が表舞台へ引き出された背景は

A. 生産緑地が表舞台に出てきたのは「都市農業振興基本法」が策定された2016年です。

1992年の改正生産緑地法による生産緑地指定から二十数年もたつと、都市化の進展により市街化区域では、さまざまな歪みが生じてきました。また都市農家のあいだではさまざまな要因で生産緑地の宅地化を考える雰囲気が漂い始めてきました。

行政サイドでは都市環境改善の視点から、緑地や公園、都市農地(生産緑地)を保全したいという動きがありました。

国土交通省が2014年2月に都市計画部会に「新たな時代の都市マネジメント小委員会」を設け、都市問題に精通した大学教授を中心に20名近い有識者が参加して、都市公園、都市農地、緑ある環境や景観なども含め、新たな時代の都市のあり方について討議が重ねられました。

農林水産省が都市農業振興のため、国土交通省と連携をとりながら検討を続けてきた都市農業や都市農地のあり方についても取り上げられました。

都市農地保全の動きは一気に加速し、2015年4月に「都市農業振興基本法」が制定され、2016年5月に基本法に基づき「都市農業振興基本計画」が策定されました。

注目を浴びたのは、都市農地の位置づけがこれまでの「宅地化すべきもの」から「都市にあるべきもの」へと大きく転換されたことです。生産緑地は市街化区域内の農地としてすでに「保全すべきもの」となっていたわけですが、都市農地といえば主力は生産緑地です。

しかも、多くの生産緑地が指定後30年を迎え、宅地化も可能な買取り申出ができるようになる2022年を控えていたため、都市農業振興基本計画が発表されると、生産緑地2022年問題として生産緑地が急速に注目を集めるようになりました。

Q.8

都市農業振興基本計画の内容やその影響は

A. 2016年5月に「都市農業振興基本計画」が閣議決定され、国土交通省（都市局都市計画課）から報道発表されました。

都市農地を「宅地化すべきもの」から、都市に「あるべきもの」へとその位置づけを明確にし、必要な施策の方向性を示し、今後、計画の具体化に向け、農林水産省をはじめとする関係省庁と連携を図りながら、取組みを推進するというもので、良好な都市環境を維持していくためには都市農業の振興が必要としました。

そのためには、市街化区域内の都市農業、都市農地の意義、機能の重要さを改めて見直し、十分理解して都市農業振興のために必要な施策を進めるべきというものです。

農業、農地の多様な機能とは、農産物の供給、防災、良好な景観の形成、国土・環境の保全、農作業体験、農業に対する理解形成などです。

これらの機能を発揮することにより、都市農業が日本の食料自給の一翼を担い、都市と緑・農の共生を目指して、都市農地が民有の緑地として適切に管理されることが持続可能な都市経営のために重要としています。

施策の方向性として、▽新規就農者、食品関連事業者、ビジネス展開できる企業を加えた担い手の確保、▽都市農地の位置づけが都市に「あるべきもの」へと転換されたことによる都市農地の保全を目指した土地の確保、これらを通じて、▽農業振興のための農業施策の本格的展開に取組むべきとしています。

都市農業、都市農地を守るためにまとめられた都市農業振興基本計画ですが、国による生産緑地2022年問題対策の先陣を切った施策とみることもできます。

その後、都市緑地法、都市公園法などとともに、生産緑地の保全や今後の扱いに関連する2017年の生産緑地法改正や「2018年度税制改正大綱」などが矢継ぎ早に発表されました。

Q.9

都市農地に関する法律はどう変わったか

A. 都市農地は「都市にあるべきもの」へ
2016年の「都市農業振興基本計画」の策定による新たなコンセプトは、都市緑地、都市農地（生産緑地）と関連する法改正にすぐに反映されました。

2017年2月に「都市緑地法等の一部を改正する法律案」が閣議決定されました。これにより、都市緑地法、都市公園法、生産緑地法、都市計画法、建築基準法などの一部改正が、まとめて同年5月12日に公布され、その一部は6月15日に施行されました。

都市公園の再生・活性化（都市公園法関係）
▽都市公園で保育所などの社会福祉施設の占用可能、▽民間事業者による公共還元型の収益施設の設置管理制度の創設（カフェ、レストラン設置など）——などです。

緑地・広場の創出（都市緑地法関係）
▽市民緑地設置管理計画の認定制度の創設、▽緑地保全・緑化推進法人の指定権者が知事から市区町村に、▽指定対象にまちづくり会社などを追加——などです。

都市農地の保全（生産緑地法、都市計画法、建築基準法関係）
▽条例で生産緑地地区の指定面積を一律500m^2以上から300m^2以上に引き下げが可能に、▽生産緑地地区内で農産物の直売所、農家レストランなどの設置が可能に、▽「特定生産緑地」制度が創設（施行は2018年4月）され、生産緑地の買取り申出を10年延期でき、10年ごとの更新も可能に、▽市街化区域内に「田園住居地域」を創設（施行は2018年4月）（都市計画法、建築基準法）——などです。

第2章

変わる生産緑地制度

Q.10

2017年の生産緑地法改正とは

A. 2017年の生産緑地法改正は、あきらかに生産緑地2022年問題対策として、生産緑地の保全を強く意識したものとなりました。

▽条例で生産緑地地区の指定面積を一律500㎡以上から300㎡以上に引き下げが可能になりました（Q11参照）。
▽生産緑地地区内で農産物の直売所、農家レストランなどの設置が可能になりました（Q13参照）。
▽「特定生産緑地」制度が創設（施行は2018年4月）されました。この指定を受けると生産緑地の買取り申出を10年間延期できるとともに、税制面の優遇が継続され、10年ごとの更新も可能になりました。

　以上が主な改正点ですが、創設された特定生産緑地の指定を受ける場合、申請は生産緑地指定後「30年経過時までに」となっています。
　特定生産緑地の指定を受けるか受けないかによって、買取り申出や固定資産税などの扱いも異なってきます。
　また、2022年からは特定生産緑地のほかに、3種類の生産緑地、つまり、買取り申出を行った生産緑地と、指定後30年を経過した生産緑地、指定後30年を経過していない生産緑地のあわせて4種類が存在することになり、名称は同じ生産緑地でも税制上の扱いが異なることになります。
　2022年以降は生産緑地を扱う際、4種類のうち、どの生産緑地に該当するのか気をつける必要があります。

＊特定生産緑地（Q15、Q65、Q66参照）
＊4種類の生産緑地（Q27参照）

Q.11

指定面積の引き下げで何が変わったか

A. 2017年の生産緑地法改正を受けて、地方自治体が条例で定めれば、市街化区域内にある単一または一団（同一または隣接する街区内の複数の100㎡以上の農地）で300㎡以上の面積があると、生産緑地の指定を受けられるようになりました。

都市農地に対するとらえ方が「都市にあるべきもの」に変わったことで、500㎡未満の農地が多い都市部で農地を保全しやすくするために、条例で生産緑地の基準をこれまでの500㎡以上から300㎡以上に引き下げられるようにしたものです。

そのため、農地面積が単独で300㎡以上か、または100㎡以上の農地が近くに複数あり一団で300㎡以上なら生産緑地の指定が受けられます。隣接状況など一団の見方は自治体の判断により異なるため、各自治体に確認する必要があります。

また、一団で500㎡以上の農地が生産緑地の指定を受けている場合、これまでは「道連れ解除」のような事態が起きましたが、2017年の生産緑地法改正後は、300㎡以上なら生産緑地を継続できるようになりました。

つまり、今回の改正には、これまで一団で指定を受けた生産緑地の「道連れ解除」の防止効果もあります（Q12参照）。

Q.12

道連れ防止効果とは

A. これまで生産緑地は単一または一団で500㎡以上の区域とされていたため、仮にA家が200㎡、隣接するB家が400㎡の農地をもっていれば、両家が一団にすることで600㎡となり、生産緑地地区の指定を受けることができました。

しかし、A家に相続が発生したことにともない、A家が200㎡の生産緑地を指定解除して売却した場合、B家の生産緑地400㎡は指定条件の500㎡を切るため、条件を満たさなくなり、B家が営農を継続したいと思っても指定が解除されていました。これが、いわゆる「道連れ解除」です。

この場合、B家が納税猶予を受けていれば、2カ月以内に利子税加算の遡り課税による納税が必要になり、死活問題になりかねませんでした。

2017年の生産緑地法改正で、生産緑地の指定要件が300㎡以上まで引き下げられたため、上記のようなケースでもB家は生産緑地を維持できるようになりました。

法改正による300㎡以上までの引き下げは、どちらかというと一団で指定を受けている生産緑地で生じる道連れ解除の防止効果という点で、より大きな意味があります。

買取り申出面積　1,594㎡
道連れ解除面積　429㎡

公共施設の面積　222㎡
道連れ解除面積　284㎡

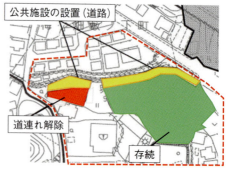

営農意欲があっても生産緑地が解除される事例（法施行前）（出典：国土交通省ホームページ）

Q.13

設置可能となった農産物直売所や農家レストランとは

A. 生産緑地地区の建築規制が緩和されました。これまでは生産緑地地区内に設置可能な施設はビニールハウス、温室、農産物の集荷施設、貯蔵所や処理場、資材の保管施設、休憩所などに限られていました。

2017年の生産緑地法改正後は、生産される農産物を原料とする製造・加工施設、農産物やその製造・加工物を販売する直売所、農産物や製造・加工物を材料とする農家レストランなどが追加され、新鮮な農産物や製造・加工品も建物を構えて現地販売できることになりました。

これまでは農業経営に「必要な施設の建物」に限定されていましたが、2017年の生産緑地法改正は生産緑地で産出される農産物を活用して「プラスをもたらす」施設を加えることにしたもので、発想の転換による規制緩和といえます。

ただし、単なるスーパーマーケットやファミリーレストランのような大型で生産緑地の保全に無関係な施設の建設を防ぐため、省令で規模や面積の基準が設けられています。

生産緑地の保全を真剣に考えるのなら、農産物の直売所や農家レストランとして十分に機能し継続できるような規模のものが認められないかぎり、実効性は薄いと思われます。

農産物直売所（写真提供：えかオーガニック農場）

Q.14

「建てられない」は解消されたか

A. 2017年の生産緑地法改正で、設置可能な施設に農産物の直売所や農家レストランが追加されましたが、制約付きの農業施設であり、本来の意味で「建てられない」ことに変わりはありません。

　建築が認められる施設は、▽生産・集荷施設（ビニールハウス、温室、畜舎、育種苗施設、搾乳施設など）、▽貯蔵・保管施設（サイロ、種苗貯蔵施設、農機具等収納施設など）、▽処理・貯蔵共同利用施設（選果場、米麦乾燥場など）、▽休憩施設、▽農産物製造・加工施設（ジャムなど）、▽直売所（生産・加工・製造される農産物の50％以上を扱う）、▽農家レストラン（生産・加工・製造される農産物の50％以上を調理に活用）、▽市民農園（講習所、植物展示場、資料閲覧室、教材園など）、▽駐車場──などです。

　ただし、基本的には▽建築物その他の工作物の新築・改築・増築、▽宅地の造成、土石の採取その他の土地の形質の変更、▽水面の埋立て、干拓──などに該当すれば地方自治体の認可が必要です。

　施設と耕作地の比率は、施設面積の合計が生産緑地全体の2/10以下で、耕作地は500㎡以上（条例によっては300㎡以上）を確保することとなっているため、今回認可された直売所や農家レストランを検討する際は他の施設との関係などとあわせ、可能な規模について地方自治体の意向をよく確認する必要があります。

　都市農家にとって収益上、生産した農産物の販売が重要なため、せっかく認可された直売所や農家レストランも規制が多いことで収益につながらないのであればあまり意味がなく、相続税・贈与税の納税猶予や固定資産税上のメリットのためだけに特定生産緑地の指定を受けるよりも、宅地化することによってそれ以上の高収益をあげる方向に傾くことも考えられます。

Q.15

創設された特定生産緑地とは

A. 2017年の生産緑地法改正で「特定生産緑地」が創設されました。指定後30年を迎える生産緑地は「30年経過時までに」特定生産緑地の指定を受けると、引き続き農業の継続が義務づけられますが、税制面の優遇を10年延長できます。その後も10年ごとの判断で、その都度指定を受ければ、さらに10年ずつ延長できます。

全国の生産緑地の約80％が1992年に指定を受け、2022年に買取り申出が可能な指定後30年を迎えるため、良好な都市環境や生活環境の確保に必要な生産緑地を保全する目的で特定生産緑地制度が設けられました。

固定資産税・都市計画税もこれまでと同様に農地評価・農地課税として扱われます。

都市農家に対する救済措置のようにみえますが、特定生産緑地の指定を受けなければ、固定資産税・都市計画税は宅地課税となります。

また、指定を受ければ相続税・贈与税の納税猶予を新たに申請することも可能になりますが、この場合あくまで終身営農が義務づけられます。

＊特定生産緑地（Q53、Q65、Q66参照）

Q.16

2022年以降の解除要件と買取り申出の注意点とは

A. 生産緑地の解除要件は、1992年の改正生産緑地法以来、変更はありませんが、2022年以降、指定後30年を迎える生産緑地は特定生産緑地の指定を受けるか、受けないかによって、買取り申出の扱いが異なります。

生産緑地の解除要件の基本
▽生産緑地の指定から30年を経過したとき。
▽病気など農業に従事できないような故障があったとき。
▽従事者本人が死亡し、相続人が農業に従事しないとき。

特定生産緑地の指定を受けた場合
　指定を受けると、買取り申出ができる機会が10年先送りになります。1992年に指定を受けた生産緑地は、2022年の指定後30年経過時から10年後の2032年に解除要件を満たすことになります。

特定生産緑地の指定を受けずに指定後30年経過時に買取り申出を行う場合
　指定後30年経過時に買取り申出を行えば、受理から3カ月後に指定解除になります。ただし、買取りが不成立に終わり、宅地化も順調にできそうにないからといって、再び生産緑地に戻すことはできません。
　また、指定解除された時点から固定資産税・都市計画税が「宅地課税」扱い（1992年指定の生産緑地の場合、2022年は1月1日時点で生産緑地であるため農地課税）になります。
　なお、そのときの状況や事情により指定後30年経過時に買取り申出の申請が間に合わなくても、そのまま生産緑地を持続することができるため、引き続いて買取り申出の準備を進めることになります。

特定生産緑地の指定を受けずに生産緑地状態を持続する場合
　指定後30年経過時に解除要件を満たすため、その後は生産緑地で営農を

しながら、いつでも買取り申出ができます。

ただし、固定資産税・都市計画税が指定後30年経過時から「宅地課税」扱いになり、1992年指定の生産緑地の場合、2023年度から毎年20％アップの激変緩和措置の適用（5年間）を受けることになります。

生産緑地の指定後30年経過時を待ってすぐ買取り申出を行うケース以上に宅地課税への覚悟が必要ですが、宅地課税の負担と引換えに、不動産市場などの状況をみて、買取り申出の機会を選ぶことができます。

1992年より後に追加指定を受けた生産緑地の場合

生産緑地の指定後30年まではこれまでのままです。特定生産緑地への指定替えもできなければ、2017年の生産緑地法改正によって解除要件が30年から10年に短縮されるわけでもありません。

その間は生産緑地としての厳しい制約はありますが、税制面などの優遇措置を継続して受けられます。

留意点

国や地方自治体が生産緑地の保全対策を強化している時期ですから、買取り申出による買取り（地方自治体への売却）があり得ることも考慮しておくことが必要です。事前に地方自治体の買取り状況を把握しておいたほうが、確信をもってより具体的な宅地化対策に取組めます。

特定生産緑地の指定を受けず、買取り申出を希望する場合は、現時点から生産緑地の宅地化後の活用方法の検討に入るべきです。

いずれにしても、1992年に指定を受けた生産緑地の所有者は、納税猶予を受けている者も含めてこの機会にもう一度原点に戻り、2022年に向けた生産緑地の選択肢の検討と合わせ、土地資産の活用を総合的に見直し、家族と話し合い、最良の対策を考えることが大切です。

＊買取り申出（Q42、Q43、Q67、Q68参照）

Q.17

「都市農地の貸借の円滑化に関する法律」とは

A. 2018年6月に「都市農地の貸借の円滑化に関する法律」(都市農地貸借法)が制定されました。

地方自治体の定める基準に沿った耕作事業や市民農園ならば都市農地（生産緑地地区の区域内の農地＝生産緑地）を貸借することができ、貸借しても相続税の納税猶予はそのまま継続できるという法律です。

同法による事業には、▽「認定事業計画書」による事業（地方自治体が定める基準に沿って事業計画書を作成・提出し、基準への適合・認可を経て貸借し耕作する事業）、▽「特定都市農地貸付け」による事業（市民農園などへの貸借をしやすくするため、「特定農地貸付け」の規定を準用した新たな仕組みの「特定都市農地貸付け」による事業）の2通りあります（Q18、Q19参照）。

生産緑地の貸借を可能にしたことと、相続税の納税猶予を受けている場合、貸借しても納税猶予を継続できるようにしたところがポイントです。

また、同法によって、契約の簡素化や借地人側に有利な「法定更新」の不適用なども盛り込まれました。

これまで、納税猶予を受けている生産緑地の所有者には「終身営農」が義務づけられており、生産緑地を貸借することができませんでした。

同法によって、営農の継続が困難になった場合でも、納税猶予を受けながら、生産緑地を賃貸する道が開けました（Q54参照）。

なお、生産緑地の貸借においては、賃借人側に厳しい条件が設けられていますが、貸付先の事業者の経営が行き詰まり、事業破たんするなどのリスクがないわけではありません。生産緑地を賃貸する際には、「認定取消し」や「返還」という事態も想定し、さまざまなケースを確認しながら契約することが大切です。

Q.18

認定事業計画に基づく貸付けとは

A. 「都市農地の貸借の円滑化に関する法律」の制定により、生産緑地の所有者は耕作を希望する個人や企業の耕作事業に生産緑地を賃貸できるようになりました。

生産緑地の所有者のメリット

▽地方自治体の認定を受けた「耕作事業」であれば賃貸できます。
▽「認定耕作事業」であれば、耕作人になる個人や企業と直接契約を結べます。
▽相続税の納税猶予を受けている者が賃貸しても納税猶予を継続できます。
▽「法定更新」は適用されません。法定更新とは、借地人の権利保護のために、同一の条件で自動的に更新される契約方法です。賃貸しても更新は合意更新となり、土地を貸すと容易には戻ってこなくなるという懸念は解消されました。

賃借希望者のメリット

耕作事業を希望する個人や企業は、地方自治体の定める基準に適合し、農業委員会の認定を受けた「認定事業計画書」があれば、生産緑地を賃借できるようになりました。

賃借希望者のデメリット

▽都市農業の機能の発揮に資するため、耕作事業は「生産物の一定割合を地元直売所などで販売すること」や「都市住民が農業体験を通じて農作業に親しむ取組みなどを盛り込んだ事業であること」などの制約を受けます。
▽耕作事業を実施している過程で、地方自治体が認定事業計画書どおりに耕作事業を行っていないと判断した場合は、勧告や認定取消しもあります。賃借者はデメリットへの十分な認識が必要です。

都市農地の貸借の円滑化に関する法律案の概要

制度創設の背景および趣旨

課題
農業従事者の減少・高齢化が進む中、都市における限られた貴重な資源である都市農地（生産緑地地区※の区域内の農地）については、農地所有者以外の者であっても、意欲ある都市農業者などによって有効に活用されることが重要であり、そのための貸借が円滑に行われる仕組みが必要。

本法律案の目的
都市農地の貸借の円滑化のための措置を講ずることにより、都市農地の有効な活用を図り、都市農業の有する機能の発揮を通じて都市住民の生活の向上に資する

※ 生産緑地地区
・原則30年間の開発行為の規制
・30年経過後の10年ごとの延長制度（特定生産緑地）

具体的なスキーム

現状

都市住民に新鮮な農産物をもっと届けたいけど、所有者がなかなか農地を貸してくれない

期間の定めのある農地の賃貸借については、都道府県知事の許可※を受けた上で、期間満了の1年前から6月前までの間に当事者が更新しない旨の通知をしない限り、従前と同一の条件で更に賃貸借をしたものとみなされる（<u>賃借契約が更新される</u>（農地法第17条）。

※ 都道府県知事は、賃借人の信義則違反など、限られた場合でなければ、許可をしてはならない。（農地法第18条）

○ <u>都市農地の貸借の円滑化のため、以下の措置を講ずる</u>。（第4条）

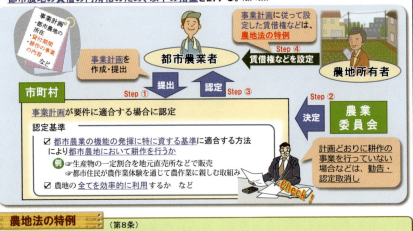

農地法の特例　（第8条）
▶ <u>法定更新（農地法第17条）が適用されない</u>
事業計画に基づく都市農地の活用終了後（賃貸借の期間終了後）には、都市農地が所有者に返還される。

生産緑地の賃貸借のスキーム（出典：農林水産省のホームページ）

Q.19

特定都市農地貸付けとは

A. 特定農地貸付けを準用した新たな仕組みの貸付けとなる「特定都市農地貸付け」が創設され、生産緑地の所有者は市民農園の開設を希望するNPO法人や企業との間で、生産緑地を貸借できるようになりました。「認定事業計画に基づく貸付け」と同様、相続税の納税猶予も継続できます。

これまで生産緑地は納税猶予の有無に関係なく賃貸できないため、NPO法人や企業が運営する市民農園に貸出されることはありませんでした。

また、NPO法人や企業などが一般農地を借りて市民農園を開設する場合も、特定農地貸付けにより地方自治体などが農地所有者から農地の利用権を取得し、NPO法人や企業などは地方自治体から農地を借りるという二重手間の手続きが必要となっていました。

「都市農地の貸借の円滑化に関する法律」では、市民農園を開設する場合も特定都市農地貸付けの制度によって、地方自治体などから計画書の承認を得ていれば、生産緑地の所有者との直接賃貸借契約が結べるようになり、手続きが簡素化されました。しかも法定更新は適用されません。

耕作を目的とした認定事業計画に基づく貸付け事業と同様、地方自治体が承認した計画書どおりに市民農園を運営していないと判断した場合は、当然のことですが勧告や承認取消しもあります。

都市農園のイメージ（出典：東京都産業労働局ホームページ）

Q.20

創設された田園住居地域とは

A. 2017年の生産緑地法改正で特定生産緑地が創設されましたが、同時に「農業の利便の増進を図りつつ、農地と調和した低層住宅に係(かか)る良好な居住環境を保護する用途地域」として「田園住居地域」(都市計画法・建築基準法、2018年4月1日施行)が創設されました(Q53参照)。

都市計画運用指針によると、田園住居地域内の農地については、緑地機能および多目的保留地機能を有し、良好な都市環境の確保を図るうえで相当な効果があると判断される場合、生産緑地地区(既存を含む)を定めることが可能となっています。

これにより、市街化区域内の用途地域はこれまで12種類でしたが、田園住居地域が加わり、13種類(Q40参照)になりました。

2016年の「都市農業振興基本計画」で、都市農地は「都市にあるべきもの」へと位置づけの転換が図られましたが、田園住居地域の創設もその一環といえます。2022年以降は田園住居地域内に特定生産緑地が存在することもあり得ます。

また、これまで低層住宅専用地域では認められなかった温室、農機具用の倉庫などの農業用施設を設置することができるようになります。ただし、田園住居地域、生産緑地地区の両方の許可基準を満たすことが必要です。

田園住居地域の指定が進めば、田園住居地域の特定生産緑地地区内に、生産緑地法の改正で新たに認められることになった農産物の直売所や農家レストランができて、特定生産緑地地区産の新鮮な農産物の販売や料理を楽しめるようになるかもしれません。

建築物は建蔽(けんぺい)率30〜60%、容積率50〜200%、高さ10〜12mなどの制限があります。

Q.21

2018年の農業経営基盤強化促進法改正とは

A. 2022年に向けた生産緑地に関する一連の法改正、税制改正は2018年6月の「都市農地の貸借の円滑化に関する法律」で一段落しましたが、同年6月に農地利用の効率化および高度化の促進のために改正農業経営基盤強化促進法が制定されました。

▽農地の集積・集約化のネックとなっていた所有者不明の「相続未登記農地」などの利用が農地中間管理機構（農地バンク）を通じて可能になりました。
▽農地の転用が必要であった農業ハウスの地面のコンクリート張りが可能になりました。

　2017年の生産緑地法改正で認められた農産物の直売所や農家レストランを設ける場合、改正農業経営基盤強化促進法の制定により、生産緑地内の施設でも必要に応じて地面のコンクリート張りができるようになりました。
　生産緑地内の直売所、農家レストランには採算面などに課題はありますが、基礎のしっかりした店舗にして、広く知ってもらう工夫をすれば、生産緑地内で栽培された採れたばかりの農産物を現地で購入したり、新鮮な風味を現地で食してみたいという顧客の確保につながり、生産緑地の特性を生かした農業経営の基盤強化に結びつきます。

Q.22

2018年度税制改正による生産緑地への影響は

A. 2017年6月施行の生産緑地法改正を受け、同年12月に生産緑地関連税制の改正を含む「2018年度税制改正大綱」が閣議決定されました。

生産緑地の相続税の納税猶予を受けている者が農地を賃貸しても猶予を継続できる「都市農地の貸借の円滑化に関する法律」の成立（2018年6月）などを前提とした税制改正となりました。

また、2017年の生産緑地法改正で創設された特定生産緑地の指定の有無により、固定資産税が農地課税と宅地課税に分けられるなど、2022年以降に指定後30年を迎える生産緑地所有者の選択肢にも大きな影響を与えるものです。

多くの都市農家が生産緑地を選択した1992年は、バブル崩壊（1990年3月の不動産融資に対する総量規制）の2年後で、2022年は不動産市場が不透明な2020年東京五輪の2年後となり、奇しくも好景気とはかけ離れ、宅地化の勢いがくじかれそうな時期というところで共通しています。

特定生産緑地の指定を受ければ、買取り申出が10年延期できます。しかし、1992年に指定を受け、今も生産緑地の主たる従事者だとすると、指定時に60歳なら2022年で90歳、10年延長すれば100歳です。

厳しい規制を30年間守り通せば、2022年以降は生産緑地をいつでも自由に活用でき、営農を継続すれば農地課税も継続されると思っていた都市農家にしてみれば、法改正、税制改正によって再び生産緑地をめぐる決断を迫られることになり、私有地であっても、意のままにならない土地であることを改めて思い知らされることになりました。

＊生産緑地関連税制（Q23、Q24、第4章のQ参照）

Q.23

固定資産税の扱いはどう変わったか

A. 2018年度税制改正では、指定後30年を迎える生産緑地の場合、特定生産緑地の指定の有無によって固定資産税や都市計画税の扱いが変わりました。

1992年以降に指定を受けた生産緑地の場合

30年経過時までは現行どおり農地課税のままです。

特定生産緑地の指定を受けた場合

継続して農地課税の適用を受けられます。

特定生産緑地の指定を受けず指定後30年経過時に買取り申出を申請する場合

買取り申出の申請が受理されると、買取りが不成立に終わったからといって、再び生産緑地に戻すことはできません。ただし、2022年に指定後30年となる生産緑地の場合、固定資産税の基準となる2022年1月1日時点ではまだ生産緑地のため、2022年分は農地課税となります。

特定生産緑地の指定を受けずそのまま生産緑地を継続しながら買取り申出を検討する場合

指定後30年経過時以降は、生産緑地であっても農地課税から「宅地課税」に変わります。指定後30年経過したときからそれ以降は特定生産緑地の指定を受けられません。激変緩和措置が適用され、それ以降5年間、毎年20％ずつアップします。

また、特定生産緑地の指定を受けずに買取り申出を考えながら、「都市農地の貸借の円滑化に関する法律」などに基づいて賃貸することは、生産緑地である以上、法的には可能です。宅地課税の激変緩和措置の適用を受けながら買取り申出を行うまでの短期契約で農地として賃貸して収入を得ることも理屈上、可能です。

選択肢別にみた生産緑地関連の2018年度税制改正

	指定後30年経過時までに特定生産緑地指定を申請	指定後30年経過時に買取り申出を申請	指定後30年経過時は意思決定せず、買取り申出を先送り
期間・期日	30年経過時までに指定申請が必要。指定は10年間。再申請すればさらに10年間延長可。	30年経過後早期に買取り申出。申出から1カ月間行政で買取り検討、2カ月間買取り斡旋。不調なら申出から3カ月後に宅地化。	30年経過時以降いつでも買取り申出が可能な状態を確保。ただし、30年経過時以降の特定生産緑地の申請は不可。
行為制限	指定後30年間の解除要件以外の現行の厳しい行為制限もそのまま10年間延長。	買取り申出により指定後30年間継続した行為制限は全て解除。	営農継続中は現行と同様の厳しい行為制限のまま。
解除要件	所有者の死亡など現行の解除要件のまま変化なし。	買取り申出により解除要件も消滅。	買取り申出をすれば、その時点で解除要件も消滅。
相続税・贈与税の納税猶予	現行のまま継続可能。相続、贈与が発生した場合、後継者の納税猶予も可。ただし、営農継続要件は終身。生産緑地の貸借は可能。	生産緑地の指定解除の日から2カ月以内に、利子税を含む遡り課税を全額納税。	現行のまま継続が可能。ただし、適用は現所有者のみ。その後の納税猶予は不可。
固定資産税、都市計画税	農地課税の継続が可能。	買取り申出により宅地並み課税に移行。	30年経過後は宅地並み課税。ただし、激変緩和措置により5年間、毎年20％段階的に引き上げ。

Q.24

相続税・贈与税の納税猶予制度はどう変わったか

A. 法改正、税制改正により、生産緑地の指定後30年経過後は、特定生産緑地の指定の有無によって、「今後起こる相続」での相続税の納税猶予の扱いが異なることになりました。

また、営農の継続が困難になった場合、「都市農地の貸借の円滑化に関する法律」（都市農地貸借法）によって納税猶予を継続したまま賃貸できるようになりました。

終身営農の義務

1992年以前は相続税や贈与税の納税猶予を受けた場合、「20年営農を継続」すれば納税が免除されましたが、1992年施行の改正生産緑地法から「終身営農」に変わりました。今回の法改正、税制改正でも終身営農の義務があることに変わりはありません。

3年ごとの継続届出書の提出

納税猶予の特例には相続税も贈与税も3年ごとに納税猶予の継続を証明する「継続届出書」の提出が義務づけられています。これも変わりありません。

今後起こる相続での扱い方

法改正、税制改正により特定生産緑地の指定の有無で納税猶予の扱い方が異なります。

特定生産緑地の指定を受けた場合は、現在、納税猶予を受けている農業相続人は継続することができ、今後起こる相続時も納税猶予を受けられます。

特定生産緑地の指定を受けず、生産緑地をそのまま継続する場合は、現在、納税猶予を受けている農業相続人にかぎり、継続して適用されます。ただし、次世代の後継者は納税猶予を受けられません。

賃貸

　都市農地貸借法の制定により、地方自治体から認可を得た「耕作事業」や、特定都市農地貸付け制度により「市民農園」として個人や企業、NPO法人などに生産緑地を貸与しても、納税猶予は打切られることなく継続できることになりました。

　なお、納税猶予の終身営農とは、相続税の場合は相続時に納税猶予を受けた農業相続人が死亡したとき、贈与税の場合は贈与者の死亡または受贈者が先に死亡したときまで営農を継続するという意味です。

　相続しても、生前に一括贈与を受けても、納税猶予の適用を受ける以上、終身営農が義務づけられています。

Q.25

納税猶予の打切りとは

A. 相続税・贈与税の納税猶予打切りの要件は次のとおりです。今回の法改正、税制改正による変更はありません。

3年ごとの継続届出書の提出を怠ったとき

納税猶予中は「3年ごとの継続届出書の提出」が義務づけられています。これを怠ると、打切りになります。

買取り申出を行うとき

買取り申出を行うと「終身営農」の義務が果たせなくなるため、納税猶予は打切られます。故障による買取り申出や生産緑地の指定後30年経過であっても納税猶予は打切られます。

納税猶予が打切りとなった場合は

納税猶予を打切られると、2カ月以内に猶予されていた相続税または贈与税の本税にプラスして、猶予を受けていた期間の利子税を猶予開始時まで遡って加算し、納税しなければなりません。

利子税は相続税・贈与税の申告期限の翌日から納税猶予の打切りまでの期間（日数）に応じて年3.6％の割合で計算されますが、各年の特例基準割合（国税で延滞税、利子税、地方税などの延滞金、還付加算金の算定などに使用される数値）によって決まります。特例基準割合が変動すると利子税も変動します。

現在は利子税の割合は比較的低くなっていますが、生産緑地の相続が1992年以降の早い時期に発生して、納税猶予を受けた場合の利子税の割合はやや高めでした。

納税猶予を受けた当時からの利子税を平均3％と仮定し、15年間納税猶予を受け、何らかの事由で打切りになったとして、利子税を遡って計算すると、納税額は次のようになります。

▽相続税額を5億円、打切り時までの期間15年間、猶予を受けた後の利子税の平均割合を年3％とすると、

納税額＝相続税額5億円＋（5億円×3％×15年間）＝7億2500万円

となります。

▽さらに、納税資金を調達するため、仮に宅地を9億円で売却したとすると、譲渡所得税が発生します。

譲渡所得税＝9億円×譲渡所得税率20％（長期譲渡と想定）
＝1億8000万円

▽納税額と合わせると9億円を超える土地が必要となります。相続時の本税5億円と比べると2倍近くになります。

　長期にわたり納税猶予を受けていると、指定後30年が経過し、買取り申出によって生産緑地を有効活用しようとしても、納税分を含めた資金の用意がなければ断念せざるを得ないということになります。
　宅地化による有効活用をあきらめ、なおかつ終身営農も厳しいとなった場合でも、「都市農地の貸借の円滑化に関する法律」によって貸し地できるようになりましたが、貸し地にも制約があり、高額の地代は期待できず、生計を立てるのに十分な地代が得られるかどうかが問題となります。
　こう考えると、特定生産緑地の指定を受けるにしても安易に納税猶予を選択するのは考えものです。納税猶予は避けるべき選択肢といってもよいのではないでしょうか。

Q.26

納税猶予はなぜ避けるべき選択肢なのか

A. 相続が発生し、相続税の納税を検討するとき、高額の納税は先送りしたいと考え、納税猶予の特例を選択しがちです。

しかし、納税猶予の適用を受けると終身営農が義務づけられます。途中で打切りになるような事態が発生すれば、相続税に利子税を遡って加算し、全額を2カ月以内に納税しなければなりません（Q25参照）。

2022年問題の対応として、買取り申出をするにしても、納税猶予の適用を受けている場合は終身営農が条件であるため、打切り扱いになり、買取り申出をするとやはり2カ月以内の納税が必要です。

問題は買取り申出をすると、2カ月以内に相続税の納税が必要となるため、生産緑地では納税資金を捻出できないことです。生産緑地を活用できるのは最短でも申出から3カ月後だからです（Q43参照）。

2022年以降、生産緑地を有効活用したくても納税猶予にしばられて、終身営農の道しかないという状況に陥る人が少なからず出ると思います。「都市農地の貸借の円滑化に関する法律」による貸し地の検討も重要になります。

今後、相続が発生した場合、将来的に生産緑地を有効活用したいと思うならば、納税猶予は避けるべき選択肢です。納税猶予を安易に選択せず、まず専門家などに相続税対策を相談し、将来のことをシミュレーションしてから決断するべきです。

Q.27

2022年以降に生まれる４つの性格の異なる生産緑地とは

A. 特定生産緑地の創設にともない、2022年から法律や税制の扱いの違いによって生産緑地が区別され、4つの性格の異なる生産緑地が生まれます。

　生産緑地としてひとくくりにしてしまいがちですが、混乱を起こさないよう、その違いを確認しておきます。特に2022年以降は気をつける必要があります。

現在から2021年まで
▽特定生産緑地の指定が申請済みの生産緑地。
▽特定生産緑地の指定が未申請の生産緑地。
▽指定後30年に達していない生産緑地。

2022年以後
１．特定生産緑地
　農地課税のまま。10年ごとに継続可能。
２．生産緑地
　①買取り申出（申請受理）
　　受理後は一般農地として宅地課税扱い。地方自治体で買取り検討中であっても、再び生産緑地には戻せない。買取り検討・斡旋（あっせん）の3カ月間は農地課税。申請受理から3カ月間を経て宅地への転用が可能。
　②生産緑地のまま営農（30年経過後も営農）
　　買取り申出は可能で、相続税・贈与税の納税猶予も継続可能。ただし、生産緑地の指定30年経過後は宅地課税となる。5年間の激変緩和措置の適用を受けられるが、1992年指定の生産緑地の場合、2027年度からは100％宅地課税となる。
　③指定後30年未満の生産緑地
　　特定生産緑地の申請も、買取り申出もできない。

2028年以降

　2028年以降は1.の特定生産緑地と、2.の③の指定後30年に満たない生産緑地の2種類となり、法律や税制も別々に適用されます。

　ただし、まずあり得ないと思いますが、営農の義務を負いつつ宅地課税扱いとなった生産緑地（2.の②）が5年間の激変緩和措置適用後も宅地化に踏み切れない場合は、2028年以降に100％宅地課税の生産緑地として残り、継続して3種類の生産緑地が存在することになります。

　また、10年延長後の2032年になれば、今度は特定生産緑地が「営農継続」と「買取り申出」に分かれ、それに指定後30年に満たない生産緑地が加わり、同じような状況が繰り返されることになります。

　特定生産緑地の申請にあたって最も注意すべきは、納税猶予の要件である終身営農が変わっていないことです。

第3章

生産緑地の基礎知識

Q.28

生産緑地はどういう背景で誕生したか

A. 1974年の「生産緑地法」の創設によって生産緑地は誕生し、同年6月1日に公布、8月31日に施行されました。

日本経済が1955年ころから長期の高度成長期に入り、都市化が急速に進み、市街化が無秩序に広がったため、1968年に新法ともいえる都市計画法（旧法は1919年）が制定され、計画性ある都市化が進められることになりました。

都道府県は都市計画区域を定め、優先的に市街化を図る「市街化区域」と市街化を抑制する「市街化調整区域」とに分け、区域区分を定めない区域を「非線引き都市計画区域」とし、それ以外の土地は「都市計画区域外」としました（Q38参照）。

線引きで市街化区域に入った農地は「おおむね10年以内に優先的かつ計画的に市街化を図るべき区域」となったため、次々と宅地化され、住宅地、商業地、工業地へと変わり、緑地が減り、保水機能も低下するなど、さまざまな環境の悪化を招きました。

そこで1973年に「都市緑地保全法」（2004年に「都市緑地法」に改称）が制定され、さらに首都圏、中部圏、近畿圏の三大都市圏などの市街化区域内にある農地のうち、「公園、学校など公共施設の予定地として適し、公害・災害の防止機能や農産物生産機能、緑地機能を備えている農地」は計画的に「保全するべき」として、1974年に「生産緑地法」が創設されました。

このようにして「農林漁業との調和を図りつつ、良好な都市環境の形成に資することを目的」とした生産緑地が誕生し、三大都市圏などの市街化区域の農地はこのときから宅地への転用が可能な一般農地と、保全を目的とした生産緑地とに分けられることになりました。

Q.29

1974年制定の生産緑地法への都市農家の反応は

A. 1974年制定の「生産緑地法」施行時は、さまざまな状況、事情もあって生産緑地の指定申請は少数にとどまりました。

市街化区域にありながら広大な農地を所有する都市農家にとって最も重要な固定資産税の扱いが、生産緑地法による指定を受けなくても農地課税とする措置が続いたことも、その大きな原因の1つです。

市街化区域内農地の「宅地並み課税」がすでに1971年の国会で議決されていたので、生産緑地の農地課税扱いはそれなりに意味があったのですが、農業関係者からの要望で農地の宅地並み課税は実質的に免除されており、一般農地のままにしても、生産緑地の指定を受けても固定資産税はともに同じ農地課税という状態でした。

そのうえ指定を受ければ買取り申出ができるのは、5年（第2種生産緑地）および10年（第1種生産緑地）営農後の制約が付きます。

しかも、生産緑地法が施行された1974年8月末ころには第1次オイルショックも一段落し、1972年から73年の第3次マンションブームの余韻も残っていました。

市街地に一歩近づくと建築現場の工事音が絶えず聞こえ、市街化が都市農家の足元まで迫ってくるような当時の周辺環境もありました。

三大都市圏の市街化区域内にある農地であっても、都市計画法で「おおむね10年以内に優先的かつ計画的に市街化を図るべき区域」内に入っている以上、一般農地のまま保持し、いつでも宅地化できる状態にしておいたほうがよいとの判断も働き、指定申請が少数にとどまったと思われます。

Q.30

生産緑地の指定が進まなかったのはなぜか

A. 結果からいえば、農地の「宅地並み課税」は制度上だけで、1992年の「改正生産緑地法」の施行まで骨抜き状態が続きました。生産緑地の指定も少数にとどまったままでした。

地価高騰対策、税負担の均衡化などのため、1971年の「地方税法等の一部改正」により1972年からの市街化区域内農地の宅地並み課税の導入が決まりますが、農業関係者からの反対が強く、1972年から74年にかけては地方自治体による免除措置などもあり、農地の宅地並み課税は実施されませんでした。

そこで、1974年に「生産緑地法」を制定して、三大都市圏の特定市（Q41参照）の農地に宅地並み課税を課すことになりますが、一般農地のままでも実質的に宅地並み課税がなされない以上、生産緑地の指定を受ける必要はないとの考えが働きました。

その後も、地方税制の一部改正など、農地の宅地並み課税によって農地の宅地化促進を図ろうとしますが、そのたびに農業関係者からの反対にあい、本格的実施には至りませんでした。

また、地価高騰による相続税高額化への対策として、1975年に「相続税納税猶予制度」（相続後20年間の営農を条件に相続税を免除）が創設され、1982年には「長期営農継続農地制度」（一定期間営農を継続する意思を表明すれば固定資産税の宅地並み課税を免除）が制定されます。いずれの制度も「農地の宅地化」と「生産緑地の指定」の二者択一を迫る意味合いを含んでいましたが、生産緑地の指定申請は進まず、農地の宅地化もそれほど進みませんでした。

その後、バブルが最高潮に達し、土地不足解消のため「生産緑地法」の改正に向かいますが、皮肉にも改正法施行とバブル崩壊が重なり、情勢が急変する中で、農地の宅地化を早めようとする側と農地を守ろうとする側とのせめぎ合いは幕引きとなったといえます。

Q.31

1992年の改正生産緑地法の成立まで時間がかかったのはなぜか

A. 長期間を要した原因は、オイルショックからバブルに至る経済や社会環境の状況、さらにいえば、景気低迷を経た後のバブル景気により、とどまることなく進む都市化、それにともなう宅地不足と地価高騰などがあげられます。

　1955年から約20年にわたる、実質経済成長率が年平均10％を記録するという驚異的な高度経済成長は、1972年に打ち出された「日本列島改造論」でさらなる盛り上がりを見せた直後、1973年の第1次オイルショックで終止符を打ちます。1974年に第1次オイルショックが一段落したものの、1979年に第2次オイルショックに襲われ、そのたびに急激なインフレに見舞われました。

　1960年代後半からクローズアップされた公害問題も継続したままで、どこかの問題が収まれば、どこかでまた新たな問題が発生するといった状態でした。

　このような経済・社会状況が続く中で、1985年のプラザ合意による急激な円高で再度の不況に見舞われ、その打開策として公定歩合の引き下げなど金融緩和政策がとられると、1986年ごろから景気は一気に好転しました。

　マンションブームも再燃し、異常といえるほど宅地へのニーズが高まりました。1985年から86年のわずか1年間で地価が50％以上アップする地域も出てくるなど、次第に実態とかけ離れた様相を呈し、まさしくバブル景気となり、土地不足に対処するため、「生産緑地法」の改正による農地の宅地化に迫られていました。改正目前の1990年3月、総量規制によってバブル景気にストップがかかり、景気は長期の低迷に向かって下降を始めます。いうなれば、日本全体が頭を冷やす余裕さえない1970年代であり、80年代であったといえます。1992年の「改正生産緑地法」はこうした動きの中で施行されました。

Q.32

1992年の改正生産緑地法とは

A. 1992年の改正生産緑地法は、バブルの勢いによる市街化の進展、土地需要の増大、土地の供給不足への対応策として、宅地化政策をさらに強化することを目的に改正の準備が進められていました。

そのため、1991年に長期営農継続農地制度を廃止し、1974年の生産緑地法を大幅に改正して、市街化区域内の農地に対し、改めて「宅地化」と「生産緑地の指定申請」の選択を強く迫る内容となりました。

1991年改正、92年施行のため、時期がバブル崩壊と重なり、改正の目的と実際の不動産市場にはズレが生じ始めていました。また、それまで無秩序に広がった都市環境の歪みをもう一度見直し、正すための法改正としてこれを受け止めた都市農家も少なからずいました。

優遇措置の目玉として、一般農地の宅地並み課税の本格的実施と引き換えに、生産緑地の固定資産税は農地課税が継続されました。

三大都市圏の特定市（Q41参照）の市街化区域内にある農地の場合、一般農地は相続税の納税猶予の特例が適用されませんが、生産緑地は継続して相続税の納税猶予の特例が適用されることになりました。

一方、指定解除要件については「死亡または営農の継続が困難な故障」は変わらず、指定解除までの期間が改正前の「指定後5年または10年」から「指定後30年」へと厳しくなりました。

相続税の納税猶予は、それまでの「20年営農を継続したら免除」ではなく、農業相続人が死亡するまで免除しない「終身営農」に変わりました。

なお、納税猶予には「打切り」の場合の利子税加算による「遡（さかのぼ）り課税」の問題や、2018年度税制改正などを受けた変更もあり、注意すべき点が多くあります（Q24、Q25参照）。

Q.33

1992年の改正生産緑地法によるメリット、デメリットは

A. メリットは、固定資産税の農地課税です。首都圏、中部圏、近畿圏の三大都市圏の特定市（Q41参照）の場合、生産緑地の立地によっては宅地課税の1/600～1/900になります。一般農地は宅地課税扱いですが、営農をしていれば宅地の1/3の評価になります。その一般農地と比べても1/200～1/300という大幅な軽減です。

生産緑地の固定資産税が一般農地や宅地の数百分の1になるということは大きなメリットです。それに合わせて都市計画税ももちろん優遇されます。

また、相続税や贈与税の納税猶予が受けられることも大きなメリットです。納税猶予を受けると、農業相続人や受贈者には終身営農が義務づけられるものの、相続税は農業相続人が死亡したとき、贈与税の場合は贈与者または受贈者が死亡したときに免除されるため、相続・贈与時に納税資金の調達に苦しまないでも済むからです。

デメリットは、指定解除までの期間が改正前の5年または10年から、1992年の改正生産緑地法で30年と長くなったことです。この解除要件の指定後30年を迎える2022年に、地域によっては多くの生産緑地の指定解除が予想されており、生産緑地2022年問題を生み出しています。

やはり30年は長いといわざるをえません。また、1992年の申請にあたっては、子どもを含めて30年後の歳を数え、家族の30年後の状態や宅地化する場合のことも考えたうえで指定を受けるか、受けないかを決断しなければならないにもかかわらず、周知期間はわずか3～6カ月でした。

相続税などの納税猶予が受けられるのはメリットですが、途中で納税猶予打切りの事態が生じた場合、相続税本税を納税するほか、遡って利子税が加算（遡り課税）されることはデメリットです。

Q.34

1992年の改正生産緑地法への都市農家の反応は

A. 1992年の施行時はバブル崩壊で景気が後退し、地価が一気に高騰から下落に転じました。その後、各地で路線価のほうが実勢価格を上回るなど、これまで想定さえできない事態が起こった時期でもありました。

　バブル崩壊後の暗いムードが漂う中では、固定資産税が低額の農地課税になることも、相続税・贈与税の納税猶予が受けられることも、都市農家にとって十分考慮に値する制度でした。しかも、今度こそ一般農地の宅地並み課税が確実に実施される状況でした。

　当時は多くの都市農家に営農意欲もあり、営農環境も良好だったため、低額な農地課税のほうが、解除要件が生産緑地の指定後30年になる厳しさよりもはるかに魅力的だったといえます。

　そのため、所在地によって異なりますが、1992年末までに、改正前よりもはるかに多くの都市農家がこぞって生産緑地の指定を受けました。

　全国にある生産緑地約1万3000ha（約4000万坪）の約80％が2022年に指定後30年を迎えることになるのも、指定が1992年に集中したためです。

　しかも、当時は市街化が都市農家の足元まで迫りくる中で、彼らは固定資産税が高くなりそうな立地条件のよい広大な農地から先に指定を受けました。現在、生産緑地が幹線道路に面していたり、商業地のすぐ裏にあったりするのはそのためです。

　市街化の進展で好立地になり、地価も高騰したからといって、生産緑地の指定を受けている以上、売ることも、建てることも、貸すこともできません。指定後30年を経過するまでは、行為制限の解除対象となる公益施設として活用するか、指定後30年が経過するのを待つしかありません。

Q.35

都市農家は生産緑地の指定後二十数年間でどう変わったか

A. 1992年に都市農家の多くが生産緑地の指定を受けてから10年も経たないうちに、時代は21世紀へと移りました。ICT革命は進み、高度情報化社会へと入っていきました。

　農地や宅地の所有者も、不動産をもたない人々も、マスメディアやインターネットを通じて日々接する情報の多くを共有するようになりました。生活形態も共通化しました。

　一方、多くのことを共有・共通化する中で、個々の価値観は逆に多様化していきました。都市農家の農業観や生活観も変化しました。新しい時代の新しい生き方を求めようとする機運も芽生えるようになりました。

　都市農家出身者の多くも農業以外の分野で活躍するようになり、親が営農の継続が困難になったからといって、勤め先をやめて農業を継ぐといったケースは少なくなってきました。

　営農を専業にする都市農家が次第に減少し、マンションや貸しビル、レンタル倉庫などの不動産業を主力に据えて兼業する人々が増えました。

　広大な生産緑地を守るために、農業以外の収益で維持費（土壌、種苗、肥料、農薬、農機具、修繕、燃料などの耕作関係費など）を補填している都市農家も出てきました。

　そのように、▽生産緑地所有者の主要な収入源が不動産業など農業以外になっていること、▽生産緑地の維持費の負担が重くなっていること、▽営農を継続する労働力が不足してきていることなどから、多くの生産緑地が指定後30年を迎える2022年に、地域によってはかなりの都市農家が宅地化に踏み切るのではないかという雰囲気も漂い始めています。

Q.36

生産緑地は全国にどのくらいあるか

A. 国土交通省が2018年3月に発表した都市計画調査によると、2016年3月31日現在の生産緑地は、全国222都市、6万1840地区に1万3187.6haあります。ほとんどが首都圏、中部圏、近畿圏の三大都市圏の特定市（Q41参照）にあり（下表*参照）、それ以外の地域にもわずかながら存在します。なお三大都市圏の特定市の農地は、全国の市街化区域内農地の約35％にあたる2万5158ha（うち生産緑地は1万3081ha）です。

全国の生産緑地（出典：国土交通省の都市計画調査、総務省の固定資産の価格等の概要調書、農林水産省）
地域別（2016年3月31日現在）

地域	都市数	面積（ha）	地区数
全国	222	1万3187.6	6万1840
北海道	0	0.0	0
東北	0	0.0	0
関東（首都圏）*	115	7589.0	3万1826
北陸	1	0.1	1
中部*	38	1551.7	1万1342
近畿*	66	4042.6	1万8663
中国	0	0.0	0
四国	0	0.0	0
九州	2	4.2	8
沖縄	0	0.0	0

三大都市圏の生産緑地（2016年3月31日現在）

	三大都市圏の特定市	特定市以外の都市	合計
生産緑地	1万3081ha	107ha	1万3188ha
その他の農地	1万2077ha	4万6459ha	5万8536ha
農地合計	2万5158ha	4万6566ha	7万1724ha
	特定市の農地全体の内、生産緑地が52％。	特定市以外の生産緑地107haは和歌山市、長野市、福岡市、金沢市、茨城県と宮崎県の市町などの合計。	*全国の農用地区域内の農地面積は402.8万ha。

都府県別の生産緑地（2016年3月31日現在）

都府県		都市数	面積（ha）	地区数
〈関東〉	茨城県	9	89.3	372
	埼玉県	37	1764.8	7184
	千葉県	22	1147.3	4090
	東京都	27	3223.7	1万1463
	神奈川県	19	1360.7	8708
	長野県	1	3.2	9
〈北陸〉	石川県	1	0.1	1
〈中部〉	静岡県	2	238.0	2072
	愛知県	34	1126.0	8247
	三重県	2	187.7	1023
〈近畿〉	京都府	11	820.4	3037
	大阪府	34	2029.5	9523
	兵庫県	8	518.7	2696
	奈良県	12	598.8	3146
	和歌山県	1	75.2	261
〈九州〉	福岡県	1	2.1	7
	宮崎県	1	2.1	1

市区別面積順30市区の生産緑地（2016年3月31日現在）

市区	面積（ha）	地区数	市区	面積（ha）	地区数
1. 京都市	599.5	2155	16. 四日市市	154.3	802
2. さいたま市	352.4	1426	17. 東久留米市	146.6	308
3. 横浜市	301.6	1725	18. 八尾市	146.6	691
4. 川崎市	287.2	1824	19. 泉佐野市	146.2	598
5. 名古屋市	270.2	1851	20. 三鷹市	141.1	306
6. 八王子市	242.5	1086	21. 川越市	139.6	479
7. 町田市	232.1	1079	22. 一宮市	138.7	1080
8. 静岡市	220.8	1932	23. 松戸市	135.9	535
9. 立川市	206.7	380	24. 青梅市	134.3	723
10. 船橋市	189.2	514	25. 東村山市	133.8	338
11. 練馬区	187.1	664	26. 川口市	132.1	510
12. 清瀬市	177.3	265	27. 相模原市	131.1	890
13. 小平市	172.9	375	28. 国分寺市	129.9	252
14. 柏市	172.5	574	29. 調布市	125.7	429
15. 堺市	166.2	869	30. 西東京市	122.2	297

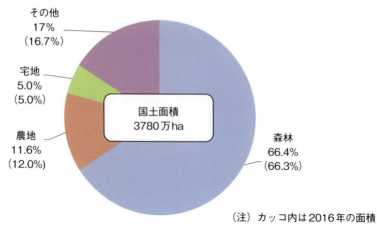

（注）カッコ内は2016年の面積
第5次国土利用計画による2025年の宅地、農地面積の目標
（出典：国土交通省）

　ちなみに第5次国土計画によると、2025年の日本の宅地、農地面積は国土面積3780万haのうち、宅地5.0％（190万ha）、農地11.6％（440万ha）を保持することが計画されています。

Q.37

1992年の改正生産緑地法施行以降の生産緑地の推移は

A. 「今なぜ生産緑地なのか」といわれるように、1992年から二十数年間、生産緑地をめぐる動きはほとんどありませんでした。「改正生産緑地法」施行の翌年の1993年から2016年までの市街化区域内農地面積と生産緑地面積の推移（下図）をみると、市街化区域内農地がほぼ半減したのに対し、生産緑地はほとんど横ばいでわずかな減少にとどまっています。これをみても解除要件の指定後30年のしばりの厳しさがうかがえます。

しかし、生産緑地の面積の推移に変化がなかったのとは対照的に、生産緑地の周辺環境は都市化の進展で大きく変化しました。一般農地は「宅地化すべきもの」とされていたため、道路が延び、住宅が建ち、店舗が進出しました。

都市農家は維持費を工面しながら生産緑地を守り続けているものの、生活形態は1992年当時と比べると大きく変化しました。

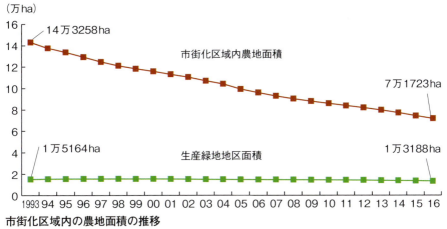

市街化区域内の農地面積の推移
　　　（出典：国土交通省の都市計画調査、総務省の固定資産の価格等の概要調書）

Q.38

線引き、市街化区域、市街化調整区域とは

A.「線引き」とは、都市計画区域について無秩序な市街地の拡大を防ぎ、道路や下水道などの公共施設の効率的な整備を行い、計画的なまちづくりを進めるために、「市街化区域」と「市街化調整区域」に分けること（区域区分）をいいます。

市街化区域：すでに市街地を形成している区域及びおおむね10年以内に優先的かつ計画的に市街化を図るべき区域で、用途地域などを指定し、道路、公園、下水道などの整備を行い、住宅、店舗、工場など、計画的な市街化を図る区域です。

市街化調整区域：市街化を抑制するため、原則として建物を建てることができない区域です。

非線引き都市計画区域：都市計画区域ではあっても、現時点で区域区分を定められない区域です。

都市計画区域外：文字どおり、区域区分を定めない都市計画区域以外の区域です。

準都市計画区域：都市計画区域以外の区域のうち、市街化の進展によって、将来、都市計画区域に入れる可能性がある区域として2000年に新たに指定された区域です。

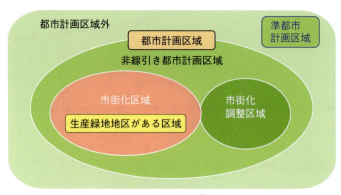

都市計画による線引き

Q.39

都市計画区域での生産緑地の位置づけは

A. 生産緑地は首都圏、中部圏、近畿圏の三大都市圏の特定市（Q41参照）などの市街化区域内に存在し、良好な都市環境を形成・維持するために「保全すべき」農地として位置づけられています。

市街化区域の都市農家は、個々によって異なりますが、自宅やマンション、貸しビル、駐車場などのほか、生産緑地（農地課税）や、2016年までは「宅地化すべき」農地とされていた宅地化農地（宅地並み課税）などを所有しています。

現在は都市計画において、生産緑地はもちろん、宅地化農地も「都市にあるべき都市農地」として、保全を優先した視点から扱われるようになりました。

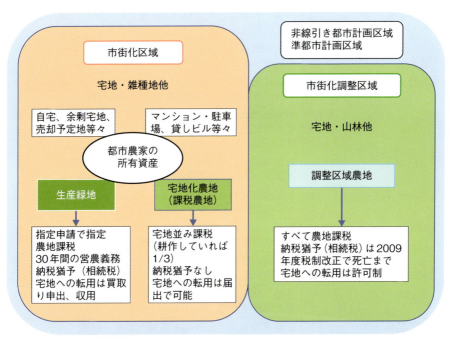

都市計画区域の農地と生産緑地の位置づけ（三大都市圏）

Q.40

市街化区域内の用途地域とは

A. 市街化区域内は、都市計画でそれぞれにふさわしい環境を守り、活動を効率化するため、住居系、商業系、工業系などの「用途地域」に分けられています。現在、2017年創設の「田園住居地域」が加わって13種類あり、「生産緑地地区」はこれらの中に散在しています。

都市計画による市街化区域内の13種類の用途地域（住宅、共同住宅、寄宿舎、下宿以外の用途）

第一種低層住居専用地域	小規模な店や事務所をかねた住宅や、小中学校などの建築が可能。
第一種中高層住居専用地域	小中学校などのほか、150m^2までの一定の店舗などの建設が可能。
第二種低層住居専用地域	病院・大学などや、500m^2までの一定の店舗などの建設が可能。
第二種中高層住居専用地域	病院・大学などや、1500m^2までの一定の店舗や事務所などの建設が可能。
第一種住居地域	住居の環境を守るための地域で、3000m^2までの店舗・事務所・ホテルなどの建設は可能
第二種住居地域	主に住居の環境を守るための地域で、店舗・事務所・ホテル・カラオケボックスなどの建設は可能。
田園住居地域	田園風景と周辺の良好な低層住宅の環境を守る地域で、その地域で生産された農産物を使用する場合は500m^2までの店舗などの建設が可能。
準住居地域	道路の沿道において自動車関連施設などの立地と、これと調和した住居の環境を保護するための地域。
近隣商業地域	日用品の買物などをするための地域で、住宅や店舗のほかに小規模の工場などの建設が可能。
商業地域	銀行・映画館・飲食店・百貨店などが集まる地域で、住宅や小規模の工場の建設も可能
準工業地域	軽工業の工場やサービス施設などの地域で、危険性・環境悪化が大きい工場以外はほぼ建設が可能。
工業地域	工場・住宅・店舗の建設は可能、学校・病院・ホテルなどの建設は不可。
工業専用地域	工場専用地域で、住宅・店舗・学校・病院・ホテルなどの建設は不可。

Q.41

三大都市圏の特定市とは

A. 特定市とは、都市計画法第7条第1項に規定されている区域で、東京都の特別区を含む首都圏、中部圏、近畿圏の三大都市圏にある政令指定都市および既成市街地、近隣整備地帯に存在する市のことです。

2017年1月1日現在、特定市は214市区あります。

三大都市圏の特定市（2017年1月1日現在、214市区）（出典：国土交通省）

	都府県	市　区
首都圏 (113市)	茨城県(7市)	龍ヶ崎市、取手市、坂東市、牛久市、守谷市、常総市、つくばみらい市
	千葉県(23市)	千葉市、市川市、船橋市、木更津市、松戸市、野田市、成田市、佐倉市、習志野市、柏市、市原市、流山市、八千代市、我孫子市、鎌ヶ谷市、君津市、富津市、浦安市、四街道市、袖ヶ浦市、印西市、白井市、富里市
	埼玉県(37市)	川越市、川口市、行田市、所沢市、飯能市、加須市、東松山市、春日部市、狭山市、羽生市、鴻巣市、上尾市、草加市、越谷市、蕨市、戸田市、入間市、朝霞市、志木市、和光市、新座市、桶川市、久喜市、北本市、八潮市、富士見市、三郷市、蓮田市、坂戸市、幸手市、鶴ヶ島市、日高市、吉川市、さいたま市、ふじみ野市、熊谷市、白岡市
	東京都(27市区)	特別区、八王子市、立川市、武蔵野市、三鷹市、青梅市、府中市、昭島市、調布市、町田市、小金井市、小平市、日野市、東村山市、国分寺市、国立市、福生市、狛江市、東大和市、清瀬市、東久留米市、武蔵村山市、多摩市、稲城市、羽村市、あきる野市、西東京市
	神奈川県(19市)	横浜市、川崎市、横須賀市、平塚市、鎌倉市、藤沢市、小田原市、茅ヶ崎市、逗子市、相模原市、三浦市、秦野市、厚木市、大和市、伊勢原市、海老名市、座間市、南足柄市、綾瀬市
中部圏 (38市)	静岡県(2市)	静岡市、浜松市
	愛知県(33市)	名古屋市、岡崎市、一宮市、瀬戸市、半田市、春日井市、津島市、碧南市、刈谷市、豊田市、安城市、西尾市、犬山市、常滑市、江南市、小牧市、稲沢市、東海市、大府市、知多市、知立市、尾張旭市、高浜市、岩倉市、豊明市、日進市、愛西市、清須市、北名古屋市、弥富市、みよし市、あま市、長久手市
	三重県(3市)	四日市市、桑名市、いなべ市
近畿圏 (63市)	京都府(10市)	京都市、宇治市、亀岡市、城陽市、向日市、長岡京市、八幡市、京田辺市、南丹市、木津川市
	大阪府(33市)	大阪市、堺市、岸和田市、豊中市、池田市、吹田市、泉大津市、高槻市、貝塚市、守口市、枚方市、茨木市、八尾市、泉佐野市、富田林市、寝屋川市、河内長野市、松原市、大東市、和泉市、箕面市、柏原市、羽曳野市、門真市、摂津市、高石市、藤井寺市、東大阪市、泉南市、四條畷市、交野市、大阪狭山市、阪南市
	兵庫県(8市)	神戸市、尼崎市、西宮市、芦屋市、伊丹市、宝塚市、川西市、三田市
	奈良県(12市)	奈良市、大和高田市、大和郡山市、天理市、橿原市、桜井市、五條市、御所市、生駒市、香芝市、葛城市、宇陀市

第3章　生産緑地の基礎知識

Q.42

宅地化希望の場合も買取り申出がなぜ必要か

A. 生産緑地は解除要件を満たしたからといって、すぐに宅地化ができるというわけではありません。

生産緑地は都市農家の所有地であっても、地方自治体が所有者から申請を受け、市街化区域内の緑地や農地を保護するために優遇措置付きで指定した農地です。

生産緑地の基本は農地の維持・継続・保全にあります。所有者は優遇措置を受けるために生産緑地の指定を受けました。選択時に生産緑地の意味も理解して指定を受けています。

そのため、保全が優先され、所有者が生産緑地を維持・継続できない場合、所有者に代わって地方自治体または他の農業従事者が保全できるかどうか検討するため、買取り申出という手続きが義務づけられています。

また、生産緑地の所有者に安易に買取り申出をさせないため、買取り申出が受理された時点で、買取りが不成立でも再び生産緑地として保持できない規定になっています。

地方自治体は特別の事情がないかぎり、買取らなければなりません。また、時価で買取る規定があります。

しかし、これまで財政事情を特別の理由として、地方自治体が買取ることはほとんどありませんでした。

Q.43

買取り申出から宅地化までの手順は

A. 買取り申出から宅地化の手続きに入るまで3カ月間かかります。

買取り申出

　生産緑地の所有者は解除要件を満たす事由を明示し、地方自治体に買取り申出を行います。地方自治体は買取り申出を受理したら、1カ月以内に買取りの有無を書面で通知することになっています。

　広大な生産緑地を時価で買取るには、場所にもよりますが、1カ所だけでも数億円から十数億円は必要です。これまでは、財政事情から地方自治体が買取ることはほとんどありませんでした。

農業従事者への買取り斡旋

　地方自治体が買取れない場合、他の農業従事者によって維持・継続できないか、2カ月間、営農している農業関係者などに買取りを斡旋します。しかし、時価で買取る農業従事者はほとんどいないのが現状です。

買取り申出が不成立、宅地化へ

　買取り申出の受理日から起算して3カ月間の期間内にいずれの買取りも不成立に終われば、申請者は元の生産緑地を宅地課税扱いの都市農地として自由に扱えるようになり、宅地化の手続きを進めることができます。

買取り申出の注意点

▽買取り申出をすると買取りが不成立に終わっても、再び生産緑地に戻すことはできません。
▽納税猶予を受けている場合、買取り申出を行えばその時点で相続税・贈与税の納税猶予は打切られ、2カ月以内に全額納付しなければなりません。
▽「都市にあるべきもの」に都市農地の位置づけが転換されてから、生産緑地保全の機運が高まっています。買取り申出を行う場合、事前に地方自治

体に買取りについて相談したほうが、安心して宅地化対策を検討できます。今後、市区町村が買取るケースも出てくるかもしれません。

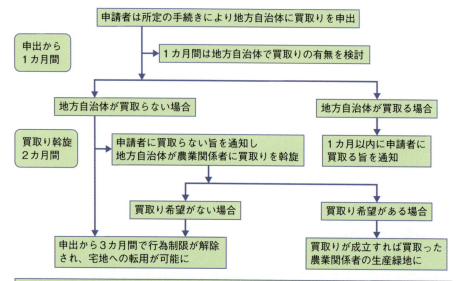

生産緑地の買取り申出の手順

第4章

生産緑地と税制

Q.44

生産緑地の固定資産税は

農地の固定資産税は低いといわれますが、優遇税制の結果なのでしょうか。それとも、農地の収益性を反映した結果なのでしょうか。生産緑地とほかの農地の区分とともに、その固定資産税の課税について考えてみます。

固定資産税の計算方法

固定資産税は下記の式のとおり、課税標準額に税率を乗じて計算されます。課税標準額は通常、その土地の評価額をもとに算出されますが、住宅用地の特例など政策的に軽減されている場合や地価の急上昇により評価額が急激に上昇することなどを抑制するため、「負担調整率」が用いられて算出されている場合があります。

固定資産税＝課税標準額×標準税率（1.4％）

農地の区分と固定資産税の課税方法

農地の固定資産税も、計算の仕組みは通常の宅地と同様に課税標準額に税

農地の固定資産税課税区分

農地の所在	都市計画区域					都市計画区域外
	市街化区域			市街化調整区域	非線引き区域	
	三大都市圏の特定市		三大都市圏の特定市以外			
	生産緑地地区外	生産緑地地区	生産緑地地区外			
区分	特定市街化区域内農地※1	生産緑地	一般市街化区域内農地※2	一般農地		
評価	宅地並み評価※3	農地評価※4	宅地並み評価	農地評価		
課税方式	宅地並み課税	農地課税	農地に準じた課税	農地課税		

※1 三大都市圏の特定市にある市街化区域内農地。
※2 三大都市圏の特定市街化区域内農地以外の市街化区域内農地。
※3 当該市街化区域内農地と状況が類似する宅地の価格に比準する価格で評価。
※4 農地を農地として利用する場合における売買価格を基準として評価。

率を乗じて計算されます。通常の宅地と異なる点は、農地の区分によって規制が異なり、その規制が農地の評価額に影響を与えるため、同じ農地でも区分の違いによって固定資産税の負担は大きく異なります。農地の区分とその課税方法は前ページの表のとおりです。

　表のように生産緑地の固定資産税の課税区分は一般農地と同様に、農地評価、農地課税となります。営農の継続を前提とした収益性という条件下で、農地の正常売買価格に限界収益修正率（55％）を乗じて評価額が算出されます。いかに路線価評価額の高い道路に接していても、農業収入を前提とした売買価格が前提となるため、評価額は低くなります。

　他方、特定市街化区域内農地は宅地への転用が比較的容易であることもあり、宅地並み評価、宅地並み課税になりますが、農業を行っている場合は評価額に1/3を乗じて固定資産税が課税されます（課税標準の特例）。

　一般市街化区域内農地も農業を行っている場合は課税標準の特例が適用されますが、負担調整措置が導入されているため、農地に準じた課税となっています。

　生産緑地はその場所にもよりますが、その評価額は坪100〜500円前後となり、通常の宅地と比較すると1/100、1/1000に抑えられています。ただし、生産緑地法の改正にともない、特定生産緑地の指定を受けない場合は宅地並み課税となるので、注意が必要です。

　特定市街化区域内農地は生産緑地と異なり、おおむね10年以内に宅地化が想定される農地であり、届出を行うだけで宅地への転用が可能であるため、類似の宅地価格に比準した価格から造成費相当額を控除して評価額が算出されます。特定市街化区域内農地は宅地への転用の見込みがあるため、評価額が高くなりやすく、固定資産税負担が重くなる傾向があります。

　生産緑地などの農地の固定資産税を解説しましたが、ポイントは、営農の継続という規制を前提としているため、評価額が低く、その結果、固定資産税そのものも低いということです。

Q.45

生産緑地の財産評価とは

A. 生産緑地などの農地の財産評価

生産緑地などの農地の財産評価について解説します。宅地、特定市街化区域内農地、生産緑地の同一エリアにおける評価額で比較すると、生産緑地などの農地の評価額は宅地と比較して非常に抑えられているのがわかります（下図参照）。

生産緑地などの農地の固定資産税評価

農地の区分による規制の度合いが評価額に影響しますが（Q44参照）、行為制限の厳しい生産緑地（特定生産緑地）に指定されると、その評価額は周辺宅地の固定資産税評価額に比較して1/1000程度になります。

生産緑地の相続税財産評価

生産緑地などの農地の相続税財産評価の区分とそれぞれの評価方法について説明します。農地は農地法などにより宅地への転用が制限されており、また、都市計画などにより地価事情も異なっているため、これらを考慮して、農地は次ページの4種類に区分されています。

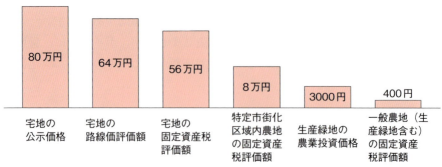

同一エリアにおける1坪の宅地、特定市街化区域内農地、生産緑地の評価額のイメージ

①純農地
②中間農地
③市街地周辺農地
④市街地農地

　純農地、中間農地の財産評価は倍率方式といって、その農地の固定資産税評価額に国税局長が定める一定の倍率を乗じて評価します。市街地周辺農地は、その農地が市街地にあるとした場合の価額の80％を乗じて評価します。市街地農地は宅地比準方式と倍率方式により評価します。宅地比準方式とは、その農地が宅地であるとした場合の1m²あたりの価額から農地を宅地に転用する場合に通常要するであろう造成費を控除した金額に農地の地積を乗じて計算した金額により評価する方法をいいます。

生産緑地の財産評価

　生産緑地に指定されると厳しい行為制限があり、その特殊性を考慮して生産緑地の評価には下記のとおり、一定割合の評価減が認められています。

生産緑地の評価額＝生産緑地でないものとした価額×（1－減額割合）

　買取り申出ができるのは、生産緑地の指定から30年が経過したときか、主たる農業従事者の相続発生時などですが、この場合の減額割合は5％です。
　買取り申出ができない生産緑地の減額割合は買取り申出ができる日までの期間に応じて設定され、30～5年という年数に応じて35～10％とされています。なお、1992年に指定を受けた生産緑地の場合、2019年現在では相続発生時に限られるため、生産緑地の減額割合は5％ということになります。

生産緑地の農業投資価格

　農地などを相続した農業後継者が農業を継続する場合、路線価評価額のうち、農業投資価格を超える部分に対応する相続税について、一定の要件を満たしたならば、納税猶予期限まで納税が猶予されるとともに、最終的には納税が免除されることになります。なお、毎年、各都道府県の田、畑の農業投資価格が公表されています。

Q.46

農地の相続税の納税猶予制度とは

A. 相続税の納税猶予制度の概要

農地などを相続した農業後継者が農業を継続する場合、農地などの価額のうち、農業投資価格を超える部分に対応する相続税について、一定の要件を満たした場合、納税猶予の期限（下記参照）まで納税が猶予されるとともに、最終的には納税が免除されることになります。

なお、一定の貸付けを除き（Q51参照）、農業を継続することが納税猶予、納税免除の前提となっているので、農業経営をやめたり、一部条件を超えて譲渡、転用などを行った場合は、納税猶予を受けていた相続税と猶予を受けていた期間に対応する利子税を納付しなければなりません。

納税猶予の期限と最終的に納税免除される要件

農業相続人が死亡した場合

農業相続人が死亡した場合は猶予されていた相続税が免除されます。納税猶予を受けるには営農が前提となり、農業相続人が自身の死亡の日まで農業を継続しなければならないことから、「終身営農」あるいは「終生営農」と呼ばれます。

次世代の農業後継者が不在の場合は、農業相続人自身が故障（病気や事故など）で営農困難になった際に納税猶予が打切られ、遡って相続税と利子税を納めなければならないというリスクが生じます（Q48参照）。

農業相続人が農業後継者に生前一括贈与した場合

農業相続人が猶予されていた先代の相続の際の相続税が免除されるとともに、贈与税の納税猶予に切り替わります（Q47参照）。農業後継者が農業を継続するかぎりにおいて贈与税は猶予され、贈与者の死亡または農業後継者の死亡をもって贈与税は最終的に免除されます。代々営農を継続することで、代替わりにともなう相続税・贈与税の負担が免除される仕組みです。

相続税の申告期限の翌日から20年の経過（一部の農地のみ）

　相続税の納税猶予制度の改正にともない、納税猶予が最終的に免除される条件が変更され、その農地がどの地域に属しているかにより異なっています。首都圏、中部圏、近畿圏の三大都市圏の特定市以外の市街化区域内農地で生産緑地の指定を受けていない農地については申告期限の翌日から20年経過することで猶予されていた相続税が最終的に免除されます（Q50参照）。

納税猶予の期限の確定事由（納税猶予が打切られる場合）

　農地などを相続した場合の納税猶予制度は営農継続を条件としているため、途中で農業経営をやめざるを得ない場合は納税猶予が打切りとなり、猶予されていた相続税と猶予されていた期間に対応する利子税を打切りとなる事象（確定事由）が発生した日から2カ月以内に納付しなければなりません（確定事由の詳細はQ48参照）。

農業投資価格および納税猶予税額の計算

　農業投資価格は相続税の納税猶予制度を適用する場合の特例農地などについて評価する際の評価額であり、農業継続を前提とした評価額であるため、接する路線価が高くても、定められた農業投資価格で評価することとなり、特例農地などを宅地比準方式などで評価した評価額に基づく相続税総額と農業投資価格を基に評価した場合の相続税総額の差額が納税猶予税額となります。

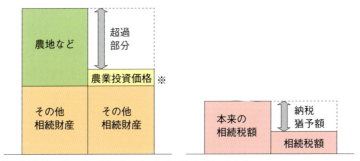

※2018年　東京都　畑：840円/m²　田：900円/m²

納税猶予額のイメージ

Q.47

贈与税の納税猶予と相続税の納税猶予の関係は

A. **贈与税・相続税の納税猶予の概要**
農地などに関する贈与税の納税猶予は、民法が法定相続人による法定相続を基本としているため、農地の細分化を防ぐとともに農業後継者の育成を税制面から支援する目的で、1964年度の税制改正によって創設された制度です。

農業経営者が農地などを生前一括贈与した場合、一定の要件のもとに、その農地などに関する贈与税が納税猶予され、その農地などの贈与者または受遺者（遺言により遺贈を受ける者）の死亡の日に猶予されていた贈与税が免除されるという制度です。

他方、相続税の納税猶予は、農業相続人が農業経営を継続した場合、その農地などの価格のうち農業投資価格を超える部分に対応する相続税額が農業経営を継続しているかぎり猶予され、最終的に農業相続人自身が死亡した場合に猶予されていた相続税額が免除されるという制度です。

贈与税の納税猶予と相続税の納税猶予は、ともに農地などの分散防止および農業後継者育成を目的とした制度で、農業経営を維持継続することを前提としているため、相互に密接な関係があります。

納税猶予と納税免除の違い

納税猶予は文字どおり、農業後継者が農業を継続しているかぎり、その納税が猶予されるということです。また、耕作を放棄したり、対象農地のうち20％超を譲渡した場合、これを納税猶予打切りの確定事由といい、納税猶予を受けていた税額全額を確定事由の生じた日より2カ月以内に納付しなければなりません。納税免除は納税猶予期限をもって到来します。農地などの贈与税の納税猶予期限は贈与者の死亡または農業後継者の死亡をもって到来し、最終的に納税義務が免除されることになります。

贈与者の死亡で農業相続人が相続したとみなされる

　贈与者が死亡した場合、贈与税の免除を受けた農地などは、その贈与者の死亡の日の価額で、贈与者である被相続人から受遺者が相続または遺贈により取得したものとみなされ、相続税の対象となります。

　また、受遺者である農業後継者が死亡した際も、贈与税の納税義務は免除されます。したがって、農業が継続されるかぎり、世代交代の際の財産の承継・相続には、ほとんど贈与税・相続税の負担なく財産が引き継がれていくことなります。

Q.48

相続税の納税猶予打切りの確定事由とは

A. 相続税の納税猶予打切りの確定事由とは

相続税の納税猶予は農業経営を前提としているため、農業を継続できなくなった場合、任意にやめる場合、対象農地を譲渡せざるを得ない場合などは、納税猶予打切りの確定事由に該当し、納税猶予が打切りとなります。下記にそれぞれの確定事由について説明します。

相続税の納税猶予税額の確定事由（全額打切りとなる場合）

特例適用農地などの面積の20％超を任意譲渡、贈与、転用した場合

　任意譲渡などには、収用などによる譲渡や生産緑地法の規定による買取り申出などに基づいて行政が買取る場合の譲渡は含みません。

　また、特例適用農地などの譲渡の対価をもって1年以内に代替農地を取得した場合には譲渡がなかったものとみなされます（代替農地取得の特例）。この場合、代替農地の取得に関する承認申請書を譲渡があった日から1カ月以内に所轄税務署長に提出する必要があります。

特定農地などの面積の20％超の面積について農業委員会の勧告通知を受けた場合

　農業委員会は利用状況調査、利用意向調査を経て、農地所有者に勧告し、勧告したことを所轄税務署に通知します（Q49参照）。通知を受けた面積が納税猶予適用面積の20％を超えると納税猶予が打切りになります。

継続届出書を提出しなかった場合

　農業相続人が納税猶予を受けている相続税の全部について引続き納税猶予を受けたい場合は、相続税の提出期限の翌日から毎3年経過する日までに（3年ごとに）、相続税の納税猶予の継続届出書とともに、農業経営を引続き行っていることの農業委員会の証明書、特例農地に異動があった場合にはその明細書を添付して、所轄税務署長に提出する必要があります。

増担保または担保の変更命令に応じなかった場合
　税務署長は、増担保や担保の変更を命令することができますが、この命令に従わない場合も打切りの確定事由になります。

相続税の納税猶予税額の一部を納付しなければならい場合（一部確定事由）
特例農地などの面積の20％以下の任意譲渡など
　収用交換などによる譲渡、生産緑地法の規定による買取り申出などに基づいて行政が買取る場合、また、代替農地取得の特例の場合などは対象から除かれます。

特定農地などの面積20％以下の面積について農業委員会の勧告通知を受けた場合

準農地が相続税申告期限から10年以内に農地の用に供されなくなった場合

　打切りの確定事由に該当すると、納税猶予されていた相続税とともに納税猶予されていた期間に対応する利子税を確定事由が生じた日から2カ月以内に納付しなければなりません。納税猶予期間が長い場合は利子税も相当な額になる可能性もあります。納税猶予税額、利子税、農地転用後の処分時に要する譲渡所得税を合計すると、デフレにより農地転用後の処分可能価額に迫る場合も考えられますので、納税猶予打切りの確定事由に該当しないように留意する必要があります。
　他方、納税猶予の期間が短く、相続発生時から地価が下落していない場合には、生産緑地の規制も関係しますが、あえて納税猶予を打切って農地転用後、有効活用なり譲渡なりを検討するのも一案だといえます。

Q.49

遊休農地の課税強化とは

A. 遊休農地課税強化の背景

農業従事者の高齢化や農業の担い手不足により、近年は遊休農地が増加しており、食料自給率の低下の原因となっていました。そこで、2009年に農地法が改正され、農地の貸借に関する規制が緩和されるとともに、遊休農地に関する措置が規定されました。耕作を行わない場合には、一定の手続きを経て、相続税・贈与税の納税猶予が打切られることになります。また、固定資産税も通常農地と比較して約1.8倍となります。

遊休農地課税強化と納税猶予の打切り

農業委員会は農地法の規定に基づき毎年1回、農地の利用状況の調査を行うことになっており、さらに2013年の農地法改正により、▽耕作の目的に供しておらず、今後もその見込みがない農地、▽周辺地域における農地の利用の程度に比して著しく劣っている農地、▽農業従事者が不在か不在となることが確実と認められるような農地がある場合は「利用意向調査」を行うこととされました。

利用意向調査の後、意向表明どおりの行為を所有者が行わない場合は、農業委員会は所有者に対して農地中間管理機構による農地中間管理権の取得に関し、農地中間管理機構との協議を勧告することになります。農業委員会から勧告を受けていた場合は、その農地について相続税・贈与税の納税猶予の適用を受けられず、納税猶予の期限が確定することになります。

勧告を受けた農地の面積が猶予適用面積の20％以下の場合は全適用面積のうち遊休農地の面積に対応する部分の猶予税額、20％以上の場合は猶予税額の全額とこれらに対応する利子税を一括して納付する必要があります。したがって、調査対象となった所有者は農地中間管理機構への貸付けを検討するなど、納税猶予中に通知を受けることのないよう対処する必要があります。

Q.50

相続税の納税猶予の対象となる農地とは

A. 相続税の納税猶予の対象となる農地などの区分

農地法、生産緑地法などの改正を受けて、相続税の納税猶予の要件などが改正されました。その農地などが地理的にどこに位置しているかで納税猶予の要件などが異なります。

ここでは、都市計画区分と地理的区分（首都圏、中部圏、近畿圏の三大都市圏の特定市か否かなど）との関係にもとづいて、それぞれの農地などの納税免除の要件を確認します。

納税免除の要件：終身営農または営農期間20年

納税猶予された相続税は農業後継者自身の死亡をもって最終的に免除されるため、「終身営農」と呼ばれます。

他方、下記の表からもわかるとおり、三大都市圏の特定市以外で生産緑地の指定を受けていない市街化区域内農地は、相続税申告期限の翌日から20年間営農を継続すれば、農業後継者の死亡を待たずに納税猶予された相続税額が免除されます

納税猶予の対象となる農地などの区分（出典：財務省の2018年度租税特別措置法改正の概要）

都市計画区分		地理的区分	三大都市圏		三大都市圏以外
			特定市	特定市以外	
都市計画区域	市街化区域	生産緑地 ※4	終身営農	営農期間20年→終身営農 ※3	
		田園住居地域内農地 ※5		営農期間20年	
		上記以外	※1		
	市街化調整区域		営農期間20年→終身営農　※2		
都市計画区域外					

※1　三大都市圏の特定市の市街化区域内農地については、都市計画法上の地区指定された生産緑地と田園住居地域内の農地のみが納税猶予の対象となるため、これら以外を斜線とした。
※2　2009年12月15日以前に納税猶予を受けている農地などについては営農20年で免除。
※3　2018年度税制改正により営農20年から終身営農に変更された。
※4　2017年の生産緑地法改正により特定生産緑地が追加され、特定生産緑地の指定・延長がなされない生産緑地は除外された。
※5　2018年度税制改正により三大都市圏の特定市の田園住居地域内農地が対象地に加えられた。

Q.51

生産緑地を貸付けた場合の相続税の納税猶予の取扱いは

A. 営農困難時貸付けの特例

2009年度の税制改正において、営農困難時貸付けを行った場合でも農業経営は廃止していないものとみなして、相続税の納税猶予が継続されることになりました。農地の納税猶予制度は適用期間が長期にわたるため、納税猶予期間中に農業相続人に障害が発生するなどの理由により営農困難な状態になる場合が想定されます。納税猶予期間中に農業相続人に障害が発生して営農困難になった場合には、本人の意思によらない理由によるものであるため、耕作放棄や営農廃止と同様に納税猶予打切りの確定事由とするのは酷であり、農地の有効利用につながらないことから、引続き相続税の納税猶予制度を適用することができるようになっています。

農業相続人が障害、疾病その他の事由により営農困難となり、一定の貸付けを行った場合には、当該貸付けを行っている旨などを記載した届出書を、貸付けを行った日から2カ月以内に所轄税務長に提出した場合に、納税猶予が継続することになります。

都市農地の貸付けの特例

生産緑地に関する相続税納税猶予制度では、営農困難時貸付けの特例の適用を受ける場合を除いて、農業相続人自らが農地を耕作することが納税猶予の条件でしたが、2018年度税制改正により、下記の都市農地の貸付けについても納税猶予を受けることが可能となりました。

①認定事業計画に基づく貸付け（Q18、Q54参照）
②特定都市農地貸付け（Q19、Q54参照）

Q.52

相続税の納税猶予制度の変遷は

A. 相続税の納税猶予制度の変遷

農地などの細分化防止、農業後継者の育成、農地などに関する贈与税免除制度を補完するため、1975年の税制改正により、農地などの相続税の納税猶予制度が創設されました。

1982年には長期営農継続農地制度が制定されますが、5年間、営農継続すれば固定資産税などの宅地並み課税が免除されるという内容であったため、市街地農地の宅地への転用はあまり進みませんでした。

その後、バブル経済の発生とともに、地価が高騰して市街化区域内の農地の宅地への転用ニーズは高まり、特に大都市圏ではそれが顕著でした。そのような情勢の中、1991年の税制改正により、農地などの相続税の納税猶予制度が大きく改正されました。

1991年度税制改正、1992年生産緑地法改正

首都圏、中部圏、近畿圏の三大都市圏の特定市の市街化区域内農地は「宅地化すべき農地」と「保全すべき農地」に区分され、宅地化すべき農地は納税猶予制度の対象から除外されました。

他方、厳しい行為制限を受ける見返りに都市計画上で生産緑地の地区指定を受けた農地は、保全すべき農地として納税猶予制度が継続されましたが、相続税が最終的に免除される要件は、営農期間20年から「終身営農」(農業相続人が死亡する日まで)へと厳しくなりました。

生産緑地法改正、都市計画法改正

1992年の生産緑地法改正の際、保全すべき農地として生産緑地の指定を受けた農地については、行為制限期間30年が経過する2022年に生産緑地の指定解除が集中することが予想され、その場合は農地の保全が図られなくなり、宅地供給が急増する可能性があると指摘されています。これが、いわゆる生産緑地2022年問題です。都市農地のもつ緑地機能の維持保全などの理

由から、上記の問題に対応するため、2017年に生産緑地法と都市計画法が改正され、2018年4月1日から施行されました。

三大都市圏の特定市の市街化区域内農地に特定生産緑地が追加され、指定から30年を経過する生産緑地は、事前に特定生産緑地として地方自治体の認定を受けることにより、10年間の行為制限が課される一方で、相続税の納税猶予の対象となることになりました。

また、都市農地をオープンスペースとして保全し、良好な住環境を保護することや、農地と宅地が調和する都市環境の形成を図ることを目的として都市計画法が改正され、新たに住居系用途地域として「田園住居地域」が創設されました。田園住居地域は農地の開発・建築制限が課され、農地以外への転用が制限されることから、その地域内の農地は保全すべき農地として位置づけられ、生産緑地、特定生産緑地と同様に、相続税の納税猶予の対象とされました。

生産緑地の位置づけの変化

バブル経済崩壊後、地価が下落し、都市部の人口増加も緩やかになる中で、都市農地がもつ機能として都市における防災、良好な景観の形成、農業に関する学習の提供の場などが注目され、都市農地の位置づけが従来の「宅地化すべき農地」から「都市にあるべき農地」へと変化してきています。

農業後継者の高齢化などもあり、安定的かつ継続的に都市農業を存続させるためには、農地の所有者のみでなく、意欲ある都市農業の担い手による農地の有効活用を図る必要があるという認識から、都市農地の貸借が円滑に行われる仕組みが求められていました。

そして、2018年に都市農地の円滑な貸借を可能とする「都市農地の貸借の円滑化に関する法律」(都市農地貸借法)が施行されました。相続税の納税猶予制度では、農業後継者が自ら耕作することが納税猶予の要件であり、貸付けた場合は、営農困難時貸付けの特例(Q51参照)の適用を受ける場合を除き、納税猶予打切りの確定事由に該当し、猶予税額を納付するのが原則ですが、都市農地貸借法の趣旨を踏まえ、2018年度税制改正で都市農地を貸付けた場合でも納税猶予が継続適用される特例が設けられることになりました(Q54参照)。

Q.53

2018年度税制改正の納税猶予制度への影響は①

A. **農地の定義の見直し（農地法改正を受けて）**
農地法では、農地は「耕作の目的に供する土地」と定義されており、土地を直接耕作することが要件とされていました。そのため、地面全体をコンクリートで覆い、その上で水耕栽培を行う土地は農地には該当せず、コンクリートで覆った土地は全体的に農地内に位置して農業の用に供されていても、相続税・贈与税の納税猶予の対象とはされていませんでした。

しかし、近年は農業生産技術の向上などにより、多様な生産栽培方法がとられ、このような栽培方法の中には敷地をコンクリートで覆ったほうが生産効率を向上させる場合もあるため、コンクリートなどで覆った農産物栽培高度化施設（水耕栽培、農地用ハウスなど）を設置して栽培を行う場合も農地法の耕作に該当するものとされました。

納税猶予の対象となる農地は農地法上の農地とされているため、農地の定義の見直しにより、現在はコンクリートで覆った敷地部分についても納税猶予の対象となっています。

生産緑地法改正による特定生産緑地制度の創設
特定生産緑地とは、申出基準日（生産緑地に係る生産緑地地区に関する都市計画についての告示（指定）の日から起算して30年を経過する日）が近く到来する生産緑地のうち、周辺地域における公園、緑地その他の公共空地の整備状況や土地利用の状況を勘案して、当該申出基準日以後もその保全を確実に行うことが良好な都市環境を図るうえで特に有効であると認められるものとして、市町村長が指定した市街化区域内の農地のことです。

この指定は申出基準日までに行うものとされ、その指定の期限は申出基準日から起算して10年を経過する日とされています（Q15、85ページの図参照）。

都市計画法における田園住居地域制度の創設

　市街化区域内農地は「宅地化すべき農地」から「都市にあるべき農地」へとその位置づけが変わる中で、農地というオープンスペースを保全して良好な住環境を保護するとともに、都市農地が多く存在する低層住居専用地域で用途地域上、制限されている温室や農家レストランなどの立地を可能とすることにより、農地と宅地の調和がとれたより良好な都市環境の形成を図るため、都市計画法が改正され、「田園住居地域」という用途地域が創設されました（Q20参照）。

　この地域では農地の開発・建築制限が課され、農地以外への転用が制限されることから、その地域内の農地は保全すべき農地と位置づけられ、開発・建築制限が課されている生産緑地と同様に相続税・贈与税の納税猶予の対象とされました。

都市営農農地などの範囲などの見直し

　特定生産緑地制度と田園住居地域制度の創設にともない、相続税・贈与税の納税猶予に関して下記のような見直しが行われました。

都市営農農地などの範囲の見直し

　都市営農農地の範囲に、特定生産緑地と田園住居地域内にある農地が追加されるとともに、申出基準日までに特定生産緑地の指定を受けない場合や特定生産緑地として延長の指定を受けない場合は、納税猶予の対象から外れることになりました。

買取り申出などがあった場合の納税猶予期限の確定の見直し

　納税猶予期間中に特例適用農地などについて買取り申出があった場合には、その買取り申出があった日の翌日から2カ月を経過する日をもって納税猶予期限が確定しますが、この買取り申出などの範囲に特定生産緑地の買取り申出が追加されました。

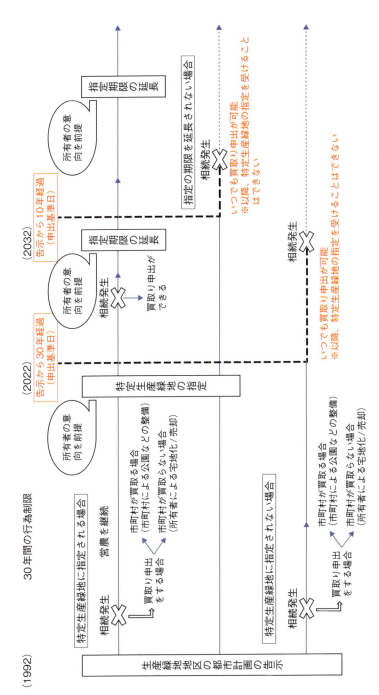

特定生産緑地制度の概要（出典：国土交通省の生産緑地法などの改正について）

第4章 生産緑地と税制 85

Q.54

2018年度税制改正の納税猶予制度への影響は②

A. 都市農地の貸付けの特例制度の創設

農業従事者の減少、高齢化が進む中、都市農地は農地所有者以外の意欲ある都市農業の担い手によって活用されることが重要であり、貸借が円滑に行われる仕組みが求められていました。この要請を踏まえ、「都市農地の貸借の円滑化に関する法律」（都市農地貸借法）が2018年6月20日に成立し、都市農地の円滑な貸借が可能となりました。

相続税の納税猶予制度では、農業後継者が自ら耕作することが納税猶予の要件であり、営農困難時貸付けの特例（Q51参照）などの適用を受ける場合を除き、納税猶予打切りの確定事由に該当し、猶予税額を納付するのが原則となっていましたが、都市農地貸借法の趣旨を踏まえ、2018年度税制改正で都市農地を貸付けた場合も納税猶予が継続適用される特例が設けられることになりました（Q17参照）。

都市農地の貸付けの特例制度の概要

相続税の納税猶予制度の適用を受ける農業相続人が納税猶予制度の適用を受ける特例農地などの全部または一部について、下記の①または②の貸付けを行った場合で、その貸付けを行った日から2カ月以内に、その貸付けを行った旨の届出書を納税地の所轄税務署長に提出したときは、その貸付けを行った特例農地などは、その貸付けに関する地上権、永小作権、使用貸借による権利または賃借権の設定はなかったもの、農業経営は廃止していないものとみなして、引き続いて相続税の納税猶予制度の適用を受けることができる特例が創設されました。

都市農地貸付け制度の対象は、生産緑地地区内の農地に限定されます。

①認定事業計画に基づく貸付け（Q18参照）
▽市町村長の認定を受けた認定事業計画に基づき、納税猶予を受けた農業相続人が他の農業者に対して直接農地を貸付ける場合。

②特定都市農地貸付け（Q19参照）
▽地方自治体や農協が農業委員会の承認を受けて開設する市民農園の用に供するため、納税猶予を受けた農業相続人がこれらの開設者に対して農地を貸付ける場合。
▽納税猶予を受けた農業相続人が農業委員会の承認を受けて市民農園を開設し、利用者に直接農地を貸付ける場合。
▽地方自治体や農協以外の者（株式会社など）が農業委員会の承認を受けて開設する市民農園の用に供するため、納税猶予を受けた農業相続人が開設者に対して農地を貸付ける場合。

以前の納税猶予適用者に関する扱い

　2018年度税制改正以前に相続税の納税猶予の適用を受けている農家にとっても、2018年度税制改正で創設された都市農地の貸付けの特例は適用可能です。

　ただし、自らの選択によって認定事業計画に基づく貸付けまたは特定都市農地貸付けを行った場合は、2018年度税制改正後の租税特別措置法が適用されるため、注意が必要です。

　特に2018年度税制改正前から納税猶予を受けている首都圏、中部圏、近畿圏の三大都市圏の特定市以外の生産緑地は、営農期間20年が改正前の租税特別措置法における続税免除の要件でしたが、改正後の認定事業計画に基づく貸付け、特定都市農地貸付けは相続税の納税免除の要件が農業相続人の死亡となるため、要件が厳しくなります。

　また、継続届出書の提出義務も改正後の租税特別措置法の規定によるため、認定事業計画に基づく貸付け、特定都市農地貸付けを行った場合はその届出書を提出した日から3年経過する日までに所轄税務署へ提出することとなります。

第5章

生産緑地の所有者が検討すべきこと

Q.55

生産緑地所有者は2022年へ向けて何をするべきか

A. 生産緑地の所有者は、2022年に向けて生産緑地の扱い方を検討するこの機会に、現状を総合的に見直し、将来どうするかを考えるべきです。

将来の生計の柱を検討する

　家族の意向や将来の収入の安定化を第一に考えながら、自らの意欲も含め、5年後、10年後、20年後の主要な収入源を何に求めるか、営農中心か、不動産事業中心か、複合型かなどについて、ある程度の方向性を検討します（Q56参照）。

解決が必要な問題を洗い出す

　承継、相続、相続税対策、固定資産税などの問題、採算性の悪い事業の見直しなど、早期または近い将来に解決しなければならない課題を洗い出します（Q57、Q61、Q62参照）。

実現したい課題や構想を明確にする

　新たな耕作方法の導入、農産物の直売所や農家レストランの開設、自宅の増改築、不動産関係の新規事業など、今後実現したい課題や構想を明確にします（Q57参照）。

土地資産の活用状況を見直す

　上記のような問題や課題を解決し、計画を実現するためには経費を必要とします。経費の捻出方法として生産緑地を中心とした土地などの利用状況を見直し、より効果的な活用方法を検討します（Q58、Q59、Q60参照）。

検討項目の一覧表を作成する

　▽課題・問題の洗い出し▽解決・実現の時期・方法▽解決・実現のための資金などの検討項目を書き入れた一覧表を作成し、検討します（Q93参照）。

換地の可能性を検討する

　立地のよい生産緑地を所有している場合は、まず「換地」の可能性の検討から入ることをおすすめします（Q63、Q64参照）。

承継の問題をよく考えて検討する

　農業は生産のほか、製造、加工、販売に及ぶ総合的事業です。農業承継者（後継者）がいる場合、農地や設備といった有形資産のほか、ノウハウや取引関係などの無形資産も含め、そのすべてを承継することが理想的です。

　後継者が特定生産緑地として承継すると、固定資産税などの農地課税が継続し、終身営農さえ覚悟できれば贈与税・相続税の納税猶予を受けることができます。

　一方、後継者不在の場合、先々で相続が発生すると、家族が相続人となって相続財産を相続し、相続税を納付することになります。納税資金の捻出が困難な場合は、資産を売却せざるを得ません。

　贈与税・相続税の納税猶予は、一見メリットのように思えますが、終身営農の条件が付き、打切りになれば納税が必要です。終身営農や打切りを考えると、後継者は納税猶予も安易に選択できず、相続税問題で厳しい判断を迫られることになります。（Q24、Q25、Q26、Q46、Q47参照）。

　このような承継・相続とそれに伴う納税対策については、特定生産緑地を選ぶ前に、専門家を入れるなどして、いざという時に備え、十分検討しておくべきです。

　また、前述の将来の生計の柱を何にするか、解決したい問題、実現したい課題、資金調達方法などの検討に加え、特定生産緑地、生産緑地の分割、買取り申出などの検討とも関連します（Q65、Q66、Q67、Q68参照）。

　生産緑地所有者は、特定生産緑地の指定申出をする前に、承継・相続、家族の将来など、さまざまなテーマを一つひとつ丁寧に洗い出し、多角的、総合的に検討してみることが大切です。

Q.56

将来の生計の柱をどう検討するか

A. 家族の意向も含めて将来の生計の柱を何にするかということをある程度決めると、生産緑地だけでなく、有効活用が可能なそのほかの土地なども含め、より効果的な活用方法の検討ができます。

営農収入中心

現状を把握し、10年後までを見通し、その間の後継者の有無、耕作従事者、生産、加工、製造、販売（直売、委託販売、通販、農家レストラン、共同取組みなど）の方法、方針などを検討します。

貸し地収入中心

▽農地の賃貸収入（全面賃貸、部分賃貸）の検討、▽前払い一時金の活用が可能な介護施設への貸し地（特別養護老人ホームなど）ならば、すぐ取組みを開始します。

建貸し収入中心

▽生産緑地以外の土地活用によるマンション・アパート業、貸ビル業、倉庫業などの検討、▽建築補助金の活用が可能な公益施設への建貸し（グループホーム、認可保育園など）ならば、すぐ取組みを開始します。

自営業中心

▽家業承継、経験、知識、趣味、興味、関心、特技、意欲、努力、工夫、家族の協力、ネットワークなどを生かした自営業などの検討、▽社会福祉法人を創設して生産緑地を寄付し、特別養護老人ホームなどの介護施設や認可保育園を経営・運営する。取組む意欲が強い場合は、すぐ専門家や地方自治体と相談します。

複合型収入

　特にこれと決めず、当面はそのときの状況に応じて上記の活用方法を自在に選択します。

　都市農家の場合、その多くがここでいう複合型収入を選択すると思われますが、家族の将来の主要な収入源を何にするかなど、2022年に向けて、総合的・多角的に、できるだけ早期に検討を開始することで、今後の生産緑地の活用方法もより明確になります。

Q.57

解決したい問題、実現したい課題をどう洗い出すか

A. 解決したい問題や実現したい課題を相続、納税、事業などのテーマ別に分けてみると、何を、いつまでに解決しなければならないのか、いつまでに実現したいのか、などを把握することができます。重要度、必要性によって優先順位も決められます。取捨選択が必要な場合も出てきます。

解決しなければならない問題
▽承継、相続の問題（分割方法、相続税と納税猶予の適否など）。
▽納税の問題（相続税、利子税、固定資産税など納税の原資など）。
▽採算性の悪い事業の問題（収益性などの改善や事業転換の検討、事業用地の適性の見直しなど）。
▽現行の収益建物の修繕、改装、建替えの問題（老朽マンション・アパート、貸しビル・貸し倉庫などの事業用建物など）。
▽貸し地の問題（貸し農地、貸し宅地など）。
▽借入金返済の問題（金利、返済期間など）。

実現したい課題
▽営農の充実（生産・加工・製造設備、単独または共同の農産物の直売所、農家レストラン、ICT化など）。
▽農業以外の事業への参入（自営業、賃貸業など）。
▽新築、増築、改装（自宅、作業場、収益用建物など）。

このようにして問題、課題を洗い出すと、いつごろ、どの程度の経費が必要かなど、おおよそのスケジュールや金額がある程度みえてきます。生産緑地のはたす役割の大きさも認識できます。

生産緑地は法規制、税制規制が多いだけに、2022年に向けて生産緑地をどう考えるかにあたっては、生計を立てる方向性とともに現在抱えている問題や課題の解決策を含めた総合的な検討が必要です。

Q.58

問題解決、課題実現のための資金調達をどうするか

A. 都市農家の場合、相続税、固定資産税などの納税問題を解決する際の金額が億を超えることも珍しくなく、多くの場合に高額の資金調達が必要となります。そのための手段として、最終的には生産緑地に頼ることになるかもしれませんが、その前に所有するすべての土地の利用状況を見直し、より効率的な活用方法や納税対策を検討してみることが大切です。

2022年に向けて生産緑地の選択肢を検討する

▽特定生産緑地の指定を受ける（Q65参照）。
▽生産緑地を特定生産緑地と買取り申出をする生産緑地に分ける（Q66参照）。
▽最初から指定後30年経過時の買取り申出を目指す（Q67参照）。
▽固定資産税（宅地課税）の激変緩和措置の適用を受けながら、状況を見て買取り申出をする（Q68参照）。

現時点で生産緑地を有効活用する方法を検討する

▽換地の可能性を検討する（可能性があれば、2022年対策と並行して進める）（Q63、Q64参照）。
▽介護施設への50年の定期借地を考える（地代の前払い一時金の活用）（Q74、Q75、Q76参照）。
▽自ら介護施設を建設して建貸しする（建築補助金の活用）（Q77参照）。
▽自ら社会福祉法人を創設して生産緑地を寄付し、介護施設を運営する（Q78参照）。

現行の農地や宅地の利用方法を見直す（Q60参照）

採算性の悪い事業や事業用地を見直す（Q61参照）

貸し宅地（底地）を見直す（Q62参照）

Q.59

生産緑地以外の土地活用の検討はなぜ必要か

A. 所有地全体の活用状況を見直すと、生産緑地以外の土地の中にも有効活用できる土地が見つかることがあります（Q60参照）。

採算性が悪い事業用地も再検討により、効果的な活用方法を見出せる場合があります（Q61参照）。

貸し宅地（底地）の見直しについても同様のことがいえます。借地人にもメリットがある土地活用のプランを提示すれば、賛同が得られる場合もあります（Q62参照）。

営農を継続できないなどの事情が生じると、往々にして生産緑地の有効活用のことしか考えられなくなることがあります。

都市農家にとって所有地の売却はもちろん、収益物件を建築するなど土地を動かすことは大きな問題です。そのため、当事者だけでは有効な活用方法をなかなか見つけ出せないものですが、第三者が見ることで、生産緑地以外に活用できる土地が見つかるケースがあります。

安定収入の確保と家族の将来のためには、将来の生計のあり方を考え、相続税や固定資産税などの懸案となっている問題の早期解決を考えることが必要です。2022年に向けてもう一度、所有地全体の現在の活用状況を見直してみるべきです。

全体を見直せば、生産緑地を含めた土地のより効果な活用方法や、抱えている問題のより明確な解決方法が、具体的に見えてきます。

Q.60

余剰宅地の利用方法の見直しはなぜ必要か

A. 都市農家の中には、広い敷地を見慣れているためか、自宅周辺の宅地をおおらかに利用しているケースがあります。

重要度の低い離れ家、物置き、倉庫などのほか、空き地のあちらこちらに物を置いたり、庭、花壇、ミニ家庭菜園などとして利用しているような効率的に利用できていない敷地をもう一度見直してみるべきです。

実際にあった例として、生産緑地の活用を相談するなかで余剰宅地の有効活用の方法が見つかり、それによって生産緑地の2022年の選択肢を含めた将来的な活用への対策ができるとともに、相続方法の工夫、当面の相続税対策、今後、発生するであろう2次相続（両親が亡くなったときの相続）時の納税対策、2次相続時に納税猶予の適用を受けない方法といったことまでもプラン化することができた事例もあります。

問題は余剰宅地をどのように有効活用するかです。安定した収益確保を目標とする場合、余剰宅地の活用方法は立地、広さ、周辺環境のほか、社会や不動産市場の動向、既存事業との関連性、想定する利用者の動向や将来予測など、さまざまな要素の検討が必要です。

2022年に向けて生産緑地の対策を兼ね、所有地全体の現状や今後の活用方法について、専門家に第三者の目で見てもらい、意見を聞いてみることも大切です。これまで考えていなかったようなよい対策が見つかる場合があります。

Q.61

採算性の悪い事業用地はどう見直すか

A. 現在、都市農家はほとんどといってよいほど、所有地を活用して何らかの不動産事業を経営しています。マンション、アパートをはじめ商業ビル、倉庫、駐車場など多彩です。

　土地を選んで事業展開しているわけではなく、先祖から受け継いだ土地を活用して事業を営んでいるため、時代の変化に応じて立地や事業の適性、採算性といった課題が常につきまといます。

　事業の中には販売や集客などについての経営努力や工夫が足りないために赤字状態となっている場合もありますが、努力しても採算性が悪い場合は、これを放置せずに、よりふさわしい事業への転換を検討してみることが大切です。

　都市農家の場合、相続税・贈与税の納税や固定資産税の問題に直面した際、必要になる金額が高額なためか、たとえ現在の事業の採算性が悪い場合でも生活の貴重な収入源となっている事業用地は検討対象から除外し、有効活用できるのは生産緑地しかないとの考えに陥りがちです。

　しかし、生産緑地の有効活用に関する相談に始まり、結果的には事業用地を見直して高齢者の介護施設に転換することで、事業運営会社の協力や金融機関の融資を取付け、相続税や固定資産税を解決する道筋がつけられたほか、生産緑地については2022年に向け余裕をもって選択できる状態になった例もあります。

　この場合も、土地所有者の強い意欲と勇気、決断が解決の大きな要因となりました。

　重要なことは、事業用地の適切な活用方法を見つけ、事業転換した場合の資金の動き（補助金、協力金、融資金、収益、入金時期）を具体的に立案してみることです。

Q.62

貸し宅地（底地）はどう見直すか

A. 貸し宅地（底地）を所有する都市農家の中には、底地権者として面倒な底地・借地の問題を抱えているところも少なくありません。これこそ土地所有者の強い意志と勇気を必要とするテーマです。

　底地・借地の問題は、底地権者も借地権者も何とかしたいと積年の課題のように思いながら、両者の代が替わって疎遠になる中で、はれものに触るように「そのうちに、そのうちに」と後回しにして放置しがちです。

　できることなら、面倒な底地・借地の問題は後継者に引継がせることなく、自分の代ですっきりさせておきたいものです。底地権者にとっても借地権者にとっても、ともに収益増や資産価値の向上につながるようなよりよい解決方法が必ず見つかるはずです。

　底地権者、借地権者双方にメリットのある方法があるのであれば、多少の歩み寄りをしてでも思い切って着手するべきです。

　底地問題を解決する手法例としては、▽底地権を借地人に売却、▽借地人と共同で第三者に売却、▽底地権者主導で収益物件を建設、借地権者は敷地権付き建物に交換、▽底地権、借地権をディベロッパーと等価交換し、敷地権付き建物を取得、▽底地と借地を交換し、それぞれが所有権化し活用、▽借地権を買取り、所有権化して活用（売却を含む）、▽底地権を業者に売却などがあります。

　底地の問題の解決に向けて底地権者、借地権者の双方にメリットがある方策を見つけ出すために、さまざまな知見を集め、両者が自分の代ですっきりさせておきたいという強い意志と勇気をもって取組めば、解決の道は必ず開けると思います。こじれないように配慮しながら具体的なアクションを起こすことが求められます。

Q.63

換地の可能性の検討をなぜすすめるのか

A. 総合的な見直しの中で、第一にすすめたいのが生産緑地の「換地（かんち）」の可能性の検討です。可能性の見極めには専門家の経験とノウハウが必要です。生産緑地が好立地にある場合、可能であれば換地するべきです。

換地が可能な場合、生産緑地の所有者にとって何よりの利点は、2022年の生産緑地に関する選択肢が広がることです。

換地が可能な好立地の生産緑地とそれ以外の土地を保有している場合、その生産緑地をそのまま放置すれば、2022年の選択肢は生産緑地を好立地のまま特定生産緑地にするか、買取り申出をするか、分割して両方選択するかのいずれかとなります。

換地ができれば、好立地の新しい宅地（元は生産緑地）をさまざまな収益施設に活用することができ、あるいは売却することもできます。しかも、換地後の新しい生産緑地（元は奥まった庭や課税農地など）は1992年以降指定を受けた生産緑地として継続できるため、30年経過時に買取り申出も可能になります。

換地時に道路付けをすれば、新しい宅地（元の生産緑地）と連携させた有効活用や、先祖から受け継いだ農地を保全することも可能です。新しい生産緑地は特定生産緑地の指定が受けられ、換地時に道路を整備することにより、農産物の直売所や農家レストランを含めて営農が継続できます。

新しい生産緑地の立地が悪くても、近隣の生産緑地の所有者と協力し合い、新しい生産緑地は生産、加工などを受持ち、農産物の直売所、農家レストランなどは立地のよい他の生産緑地が受持つなど役割を分担し、効率化して収益アップに結びつけることも考えられます（Q64参照）。

Q.64

換地による生産緑地の有効活用とは

A. 敷地内に幹線道路などに面した好立地の生産緑地を所有している場合、立地がよくない宅地（奥まった庭、菜園、納屋、老朽建物など）と交換（換地）し、場所を移した新しい宅地（元は生産緑地）を収益性が高い施設などに活用することができます。

この新しい宅地を生み出す一連の手続きは「土地区画整理法」に基づいて、個人の土地区画整理事業として行うことになります。

土地区画整理事業には「減歩」があり、ミニ公園、道路など公共施設用地や保留地（事業費などにあてる売却予定地）として所有地の一部を提供する必要があります。減歩は生産緑地も対象となりますが、新しい宅地の価値を高めるためと割切るべきです。

生産緑地を換地するメリット

▽指定後30年経過時に好立地の生産緑地を宅地化することはできますが、宅地化すれば生産緑地はなくなります。換地であれば、好立地の新しい宅地を確保することができ、生産緑地も場所は移動しますが、維持できます。

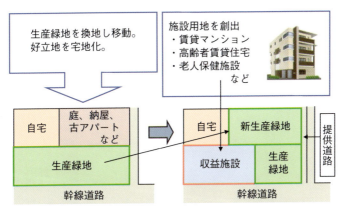

生産緑地を移動し、道路沿いの新宅地に収益施設を建築

生産緑地の換地のイメージ

▽好立地の新しい宅地（元は生産緑地）は、自営事業による活用や貸ビルの建貸しなどができ、居住用建物を建築すれば固定資産税は特例で1/6になります。

▽好立地の宅地になるため、高額で売却もできます。

▽これまで宅地課税扱いだった自宅周辺の庭などが生産緑地になり、固定資産税は農地課税に変わります。新しい生産緑地の場所には換地時に通抜け道路をつくることができ、法改正で可能になった農産物の直売所や農業レストランも運営できます。幹線道路側の新しい宅地とリンクさせれば集客を促進できます。

▽生産緑地が残るため、近隣の生産緑地所有者と共同で生産緑地を活用した事業もできます（Q65参照）。

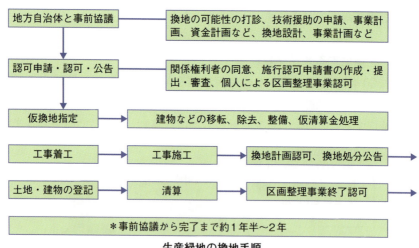

生産緑地の換地手順

Q.65

特定生産緑地を選択する場合のポイントは

A. 特定生産緑地を選択した場合、耕作費や維持費がかかります。収支を考えると、安易に選択するのは問題の先延ばしでしかありません。ましてや、特定生産緑地の指定から10年以内に解決が求められる問題が起こることが予想される場合は、特定生産緑地の選択をする前に他の所有地を含め、総合的な検討が不可欠です。

都市農家が最も理解していることと思いますが、土壌改良、耕作、育成、収穫、加工、製造、販売にいたる諸経費に加えて、農業従事者や家族に関する労働経費、雇用労働経費を含めて、よほど効率化を図らないかぎり、農業を事業として成立させるのはかなり厳しいと思われます。もちろん、天候という不確定要素も考えなくてはなりません。

そのような事情を考えると、法改正で農産物の直売所と農家レストランが認められたことは、生産、製造、加工、販売までのプロセスに対する強い動機づけになり、やり方次第では十分な収入源になると思われます。

近辺に農協直売所や道の駅がある場合は、それらとの調整、共存の仕方を考えつつ、アイディア、広報力で生産緑地の特徴を出すように努めれば、それらとの両立は十分可能であると思います。

強調したいのは、近隣の生産緑地所者同士の協力です。協力し合えばさまざまな展開ができます。生産緑地の立地により、生産、加工、製造、農産物の直売所、農家レストランを分担することもできます。共同出資会社をつくることもできます。こうした取組みには推進役としてコーディネーターが必要かもしれません。

都市農家は特定生産緑地を選択する場合、期限を10年延長できると漠然と考えず、生産緑地を保全し、効率よく活用するための未来構想を若い後継者世代とともに、今から検討してみることが必要でしょう。

なお、特定生産緑地の申請が間に合わなかった場合、指定後30年経過後に宅地課税に切り替わり、激変緩和措置（5年間）が適用されますが、営農は継続でき、買取り申出もできます（Q16、Q67、Q68参照）。

Q.66

生産緑地を分割する場合のポイントは

A. 広大な生産緑地の場合、資金調達に必要な部分のみを買取り申出をして問題を解決し、残りは特定生産緑地にしてすっきりした状態で営農に専念するという考え方もできます。

相続税、相続税・贈与税の納税猶予、固定資産税などの問題を抱えている場合は、Q57で説明したように、どの程度の資金調達が必要か、いつまでに必要かによって、買取り申出を選択して売却や収益事業を行うなど、生産緑地の活用方法が検討の対象となります。

また、解決すべき問題がない場合でも、生産緑地の指定後30年経過時は、その活用を考える30年ぶりのまたとない機会となるため、生産緑地の一部分を買取り申出を行って売却や収益事業に有効活用するなどして、そこで得た資金や収益を課題解決のために活用するという方法もあります。

特定生産緑地について考えるならば、向こう10年間は営農を継続することになるため、この機会に生産、加工、製造設備への投資や、農産物の直売所、農家レストランのための資金を捻出するため、一部分は買取り申出にあてるという考え方もあります。

近隣の生産緑地の所有者同士が2022年に向けて協力関係を築くことができれば、立地条件のよい生産緑地の一部分を買取り申出して宅地化し、宅地部分に制約のない本格的な直売所、農家カフェやレストランを建築し、共同で運営することもできます。企業をからませることもできます。

このようにQ56、Q57で説明した内容を基本にして生産緑地の活用方法を考えると、2022年の選択肢として、1つの生産緑地を特定生産緑地の部分と買取り申出の部分に分割する方法も十分に検討に値すると思います。

Q.67

指定後30年経過時に買取り申出をする場合のポイントは

A. 生産緑地の買取り申出を行う場合も、漠然とした希望ではなく、まずQ56、Q57で説明したとおり、将来の生計の柱やさまざまな問題点などを十分把握し、買取り申出の目的を明確にしておくことが必要です。

目的が明確であれば、その目的に沿って生産緑地の効果的な活用方法の検討に入ることができます。

買取り申出の検討は早ければ早いほどよい

▽買取り申出を決めたならば早期に準備に入るべきです。迷っているとそれだけ出遅れます。

▽早ければ早いほど余裕をもって多角的に検討することができ、よりよい選択ができます。

▽2022年以降の不動産市場状況についてもより多くの情報が入り、推測しやすくなります。

▽買取り申出は選択肢の1つであり、当然、生産緑地以外の土地を含め、総合的に検討することになります。早期から検討を開始していると、生産緑地以外の土地活用で解決策を見つけ出せる場合があります。

▽生産緑地以外で問題の解決策が見つけ出せれば、買取り申出の目的を広げられます。また、「全面買取り申出」か「特定生産緑地と買取り申出に分割」かの選択も可能になります。

▽早期にほかの方法による解決策が見つかれば、戦略的に生産緑地は買取り申出を10年先送りすることもできます。

宅地化する場合の検討には外部の知見を活用するべき

買取り申出の主な目的は、収益建物の建貸し、自営などの事業活用、定期借地などにより収益をあげることや、売却により資金調達を行うことにあります。

ただし、2022年やそれ以降の近い将来の収益や資金調達にかかわるため、

そのころの社会や市場状況の推測に基づく対策の検討になり、いうまでもなく100％の正確さをともなわない作業になります。

　基本的には収益施設の場合、建貸しするにしても居住用の有効活用（一般の住居や入居者の目的を設定したマンション、分譲住宅、高齢者向け住宅、社宅、寮、介護施設など）、事業用の有効活用（事務所、研究所、物品販売店、飲食店などの集客施設など）、各種自営業用の施設などについて、2022年やそれ以降の状況を注視し、情報収集力、推測力、社会経済の動きや流れを見る感性を働かせながら検討することになります。

　しかし、生産緑地の場合、立地、面積、形状、周辺環境によって個々に違いがあります。1つの対策が、ある生産緑地で成功したとしても、他の生産緑地では通用しない場合もあります。

　結論としていえることは、買取り申出による宅地化後の活用方法の検討は生産緑地の所有者ひとりであれこれ考えず、外部の専門家の知見を活用しながらできるだけ早く準備に取りかかることです。

　外部の知見を利用する場合、企画料が必要な場合がありますが、生産緑地が将来にわたって生み出す収益に比べれば企画料などは少額です。

　企画料はよりよい収益、よりよい判断材料を得るための投資と考えるべきです。優れた知見や情報を得るためには、必要最低限の経費を惜しまない姿勢も大切です。

Q.68

2022年以降の状況を見ながら買取り申出する場合のポイントは

A. 特定生産緑地の指定を受けず、買取り申出を選択する場合、①Q67のように生産緑地の指定後30年経過時を目標にするケースと、②当初から指定後30年経過時を目標にせず、宅地課税に変わることは覚悟のうえで生産緑地のまま営農を続け、指定後30年経過時から数年かけてより効果的な宅地化を目指すケースがあります。

　しかし、②のように宅地課税の激変緩和措置の適用を受けながら、不動産市場の状況を見て買取り申出をするという、一歩引いた考え方を最初からもつことには賛成できません。

　どこかの時点で買取り申出をしたいという考えがあるのであれば、Q67と同じように早期に買取り申出の検討に入るべきです。

　早期から買取り申出を検討したとしても、2022年以降の不動産市場の状況によっては、宅地化が急増するなどして最良の活用方法が見つからない場合も当然あります。

　しかし、早期から対策に取組んだ場合とそうでない場合とでは宅地化する場合の情報力、知識の深さ、2022年以降の社会状況、不動産市場の動向、企業や個人を含むユーザーニーズなどの推測力に差ができます。

　早期から取組んでいれば、2022年以降に本格的な宅地化の検討に入るとしても、専門家の話を聞いても理解しやすく、意見交換や宅地化の検討や具体的な取組みを一歩先に進んだ地点からスタートできます。

　買取り申出を選択するならば、上記の①、②にかかわらず宅地化する場合の活用方法の検討に早期に入るべきです。

Q.69

生産緑地の有効活用を検討する際の心構えは

A. 生産緑地の有効活用には、より効率的に農業を行い、収益性を高めるという考え方のほかに、耕作以外の利用による安定収入の確保、一時金などの受取りによる資産や負債の整理、納税資金の確保などさまざまなことが考えられます。

また、売却してほかの資産に組替えるという活用方法もあります。

しかし、個々の家庭の状況、農地の場所、周辺の不動産市場の状況、相続税や固定資産税など、検討を要する事項が数多くあるため、これが最善だといいきることは簡単にはできません。農地の有効活用を検討するうえで、この点が悩ましいところです。

ポイントは、目先の収支に惑わされず、有効活用にともなうリスクに注意を払うことです。

バブル期、多くの農家がいっせいにアパートを建てましたが、結果的に土地や建物を売払わざるをえなくなる事態も発生しました。

将来のリスクは十分想定できたはずですが、目先の利益への執着や体面への過剰な意識などが冷静さを失わせたのかもしれません。つまり、自分の農地についての客観的で冷静な判断がここでは重要になります。

また、有効活用する優先順位を明確に整理することも重要です。1つの方向に凝り固まるのではなく、▽農業を続ける、▽第三者に貸す、▽自ら事業を行う、▽売却するなどの選択肢を検討するため、家族（特に後継者）の考え、税理士などコンサルタントの意見を十分に聞き、理解することが不可欠です。そのうえで、それぞれのリスクを20年後、30年後もイメージし、家族も納得できる方法を見つけ出すことが有効活用の第一歩です。

Q.70

生産緑地について誰に相談すればよいか

A. 生産緑地で営農する農家が農業について何か検討に迫られることがあれば、農協に相談するのが一般的でしょう。農業を続けていこうとの考えならば、それはよい選択ですが、農業以外の方向を考えるのであれば、それにふさわしい選択肢があるはずです。イタリア料理を食べたいときに和食の店に行っても期待するようなメニューが出てこないのと同じです。

まず、農地の税制についてくわしい税理士を探すことが重要です。ただし、農家を深く理解している都市在住の税理士がどれだけいるのかは疑問です。頼りになる税理士は必須ですが、都市計画や農地の有効活用の方向性を税理士に相談したところで、それは彼らの守備範囲ではありません。

どのように土地が生かせるかを知るには、法律上どういう制限があり、それをクリアすることで、どのようなことが考えられるのかという都市計画や建築的な側面から提案できる専門家が必要になります。それは建築設計事務所や都市計画の専門家ということになります。

ただ、ハイリスクな活用を考えるのは本末転倒で、農家という特殊性を認識してプランニングすべきなのですが、これができる専門家を探すのは案外難しいものです。

あくまでも目的は、先祖から引継いだ資産を子や孫にリスクの少ない形で引継ぐことであって、目いっぱい建物を建てることではありません。最も大切なことは、子や孫に先祖伝来の資産をどう引継ぐかという基本テーマを農協や税理士だけに任せるのではなく、自らの責任としてこれに向き合い、数年先とさらにその未来を見据えることです。

子や孫に負担を残さず、何を残すのか、それが彼らのライフプランにどのような影響を与えるのかというファイナンシャルプランニング的な発想も重要です。プロフェッショナルである相続税や固定資産税に強い税務関係者、農地コンサルタント、建築設計コンサルタントなどと相談して検討することが、結果的に賢明な選択になると考えます。

Q.71

生産緑地の売却を検討するときの注意点は

A. 生産緑地の有効活用を十分考えたうえで、売却するほうがよいとの結論が出るケースも多いと思います。

生産緑地の売却を検討する際に注意すべき点は、相続税や譲渡税の支払いが必要になるため、税理士にまず相談すべきであるということです。

資産税(固定資産税など)の相談に際して、実績のある税理士などを探すことは非常に重要です。ただし、最終的に自ら責任を負うという姿勢が必要であることはいうまでもなく、資産を守るのに他人任せにしてよいわけがありません。

しかし、資産税に強い税理士などを探すにしても「知り合いがいない」場合や、「顧問税理士に申しわけない」といった人情論までさまざまな事情がでてくるでしょう。

そういう場合は、実績のある税理士を農地コンサルタントに紹介してもらい、顧問税理士の顔を立てながら、進めるのがよいかもしれません。

売却予定の生産緑地のもつ特性、例えば周辺環境、駅からの距離、用途地域、接する道路の幅、容積率などを総合的に判断して売却先を検討する必要があります。

専門家である税理士、農地コンサルタント、建築設計コンサルタントとなどと相談し、しがらみを断ち切って売却計画を進めることが重要です。

第6章

今できる生産緑地の活用方法

Q.72

農業を続ける場合の生産緑地の有効活用は

A. 生産緑地で営農する場合の有効活用の方法もいくつか考えられます。最近はLED照明を使ったファクトリーファームというような大規模農業も話題ですが、これは生産工場の側面をもつため、工場という扱いになり、生産緑地には原則として建設できません。

現在の場所で農業を続けることを前提とするならば、2015年4月の「都市農業振興基本法」、その後、2017年5月の「生産緑地法改正」により、できることの範囲が少しずつ広がっているといえます。

以前も設置可能であったビニールハウス、温室、育種苗施設、農産物の集荷施設、市民農園、農作業講習施設などに加え、新たに、①生産緑地内で生産された農産物などを主たる原材料とする製造・加工施設、②生産緑地内で生産された農産物などや、①で製造・加工されたものを販売する施設、③生産緑地内で生産された農産物などを主たる材料とするレストラン（ただし、大規模な施設を制限するため、面積要件や施設設置者基準がある）の設置が可能になりました。

以上のように農業を営む手段の幅は広がったものの、地価の高い都市部で低収益の農業を続けることは依然として困難な状況です。

夫婦2人でも営農が可能、生産性を向上させる方式へ

ある建設会社が開発した高床式砂栽培農業施設は、建設現場で使われる足場を利用することで楽な姿勢で耕作が行え、作物の種類によっては年間8回転以上が見込めます。肥料供給も点滴のように自動で行えるため、作業の負担も軽くなり、2反程度（2000m^2弱）までなら夫婦2人でも営農可能です。

同社は将来的には同施設の全国展開を目指しています。

また、今後の活用方法としては、社会福祉法人などとタッグを組んで、地域の高齢者や障がい者の生きがい創出や雇用の場へと広がっていくことが期待されます。

高床式砂栽培農業施設（写真提供：東レ建設㈱TOREFARM®）

農家レストラン

　法律改正で規制が緩和された、生産緑地を含む都市農地で生産された作物を主たる材料とする農家レストランなどは、農業を続けていくうえで付加価値をもち、生産緑地を所有する都市農家にとっては有望な手段になる可能性を秘めているといえます。ただし、食材の半分以上をその生産緑地およびその地域内で生産されたものとするなどの要件があるため、近隣の農家とも協力し合う必要があるでしょうし、綿密なマーケティングも必須でしょう。

農産物の直売所

　東京都内で野菜を生産する認定農業者を対象とした調査によると、2011年の出荷先は2000年ころと比べて市場出荷の割合が大きく減少し、共同直売所、スーパー・小売店・生協、学校給食への出荷が増加しています（「野菜生産農家の出荷・販売に関する実態調査」2011年、東京都）。

　都市生活者が安心・安全で新鮮な農産物を求めた結果、地産地消の傾向が強まっていることがうかがえ、今後もこの傾向は続くものとみられます。ただし、農家がそれぞれに直売所を経営するとなれば無駄も生まれるので、近隣の農家が共同して直売所を経営することなどを考える必要があるでしょう。

Q.73

超高齢化時代の生産緑地の有効活用は

A. 特定生産緑地の指定を検討するにしても、買取り申出による宅地化を検討するにしても、これからは健常な高齢者、健康が多少気になる程度の高齢者、要支援・要介護の高齢者などを対象とした施設が安定収益につながる場合があると思われます。

国立社会保障・人口問題研究所の日本の地域別将来人口推計（2017年）によると、東京五輪が開催される2020年には65歳以上が3619.2万人になり、国民の3.5人に1人は高齢者になると推定されています。

生産緑地は地方自治体の認可が得られれば、介護施設に活用できます。地方自治体にもよりますが、特別養護老人ホーム以外にもグループホームやデイサービスなどの要支援・要介護施設や複合型施設の整備を促進するため、介護施設の建築費への助成や地代の前払い一時金（東京都など）などの補助制度を設けているところがあります（Q74、Q75、Q76参照）。

一時期は自宅の近くに介護施設があるのを好まない住民もいましたが、最近の介護施設は見栄えもよく、市街地にあっても全く違和感がなくなったこともあり、近隣住民にも受け入れられる傾向にあります。

公的な補助制度を活用して介護施設を建設し、社会福祉法人などに建貸しして、運営を委託すれば確実な賃貸収入が入ります。シミュレーションして安定収入に結びつくようなら、生産緑地の介護施設への活用も検討に値します。2022年問題とは関係なく、現時点でも実現が可能です。

ほかにも高齢者を対象にした農産物の直売所や農家レストランなども考えられますが、問題は採算が合うかということです。介護施設に活用するにしても、特定生産緑地を選択するにしても、買取り申出を経て宅地化して収益建物として活用するにしても、採算にはその対象となるユーザーがおおいに関係します。

生産緑地の活用方法で採算面を検討する場合、高齢者のニーズをつかむことが大切な時代に入ってきました。

Q.74

特養に土地を貸す──今できる活用方法①

A. 2015〜17年度に全国で整備された特別養護老人ホーム（特養）が、地方自治体が3年ごとに策定する介護サービスの整備計画の7割にあたる4万5000床にとどまったことが日本経済新聞の調査でわかりました。

地価や建設費が高騰する一方、介護人材も不足しています。政府は特養の待機者を2020年代初頭までに解消する目標を掲げていますが、地方自治体による今後の新設計画は縮小しており、実現は見通せないとされています（日本経済新聞、2018年7月5日朝刊）。

特養は社会福祉法人や地方自治体が設置・運営する公益施設で、現在のところ、医療法人などの営利企業は参入できません。

生産緑地法の第3条には、その指定条件の1つとして「公害又は災害の防止、農林漁業と調和した都市環境の保全等良好な生活環境の確保に相当の効用があり、かつ、公共施設等の敷地の用に供する土地として適しているものであること」という項目があり、生産緑地法として指定する要件を定める段階で、公共施設などへの転換も視野に入れていたことになります。

公共施設とは道路、公園、下水道、学校、図書館など、公共事業によって供給される施設のことで、公共財としての性格をもち、公益施設である児童福祉施設（保育園など）や老人福祉施設（特養など）も含まれると解されています。

つまり、生産緑地の指定後30年経過前の今でも、需要と供給が一致すれば、地域によっては生産緑地を特養の用地として地方自治体や社会福祉法人に貸せるということです。

2025年問題との符合

ここで注目すべきは、団塊の世代が75歳を超えて後期高齢者となり、国民の3人に1人が65歳以上、5人に1人が75歳以上という超高齢社会を迎える、いわゆる「2025年問題」です。

本書の主題である生産緑地の「2022年問題」と、わが国にとって避けら

れない超高齢社会の「2025年問題」は奇しくも時期がほぼ一致します。

特養を新設するには、行政認可を含めて3年程度の時間を要します。

特養のような公益施設は手厚い補助の上に成立している場合が多く、運営主体が公益を目的とする法人などであるため、健全な運営をしていれば倒産する可能性は低く、たとえ、業績が悪化しても入居者に悪影響を及ぼさないように、行政が監査などを頻繁に行い、運営上の健全性を維持するよう指導しています。

高額な地代は望めませんが、生産緑地農家にとって特養の設置主体への用地提供という活用方法は、社会貢献という側面があるとともに、地代の前払い一時金（東京都など）によって相続対策も準備することができ、将来的には更地で返却してもえるという好条件がそろっており、借主として安全で理想的な相手であることは間違いありません。

特別養護老人ホームの髙陽園のイメージ（CG提供：㈱IAO都市施設研究所）

Q.75

特養に土地を貸す──東京都の例

A. 東京都は2018年2月現在、4万6363床の特別養護老人ホーム（特養）のベッド数（床数）を、2025年度末までに6万2000床とする設置目標を立てており、喫緊の課題としてこれに取組んでいます。

いうまでもなく、地価の高い都内で標準的な100床の特養を新設するために必要な延べ床面積4000㎡以上の施設用地を確保することは至難といえます。

都内の区や市の所有する土地で特養を創設したい旨の申出を受けて、都が特養用地として承認するケースも出てきています。

Q73やQ74のように、特養の整備を喫緊の課題としている都はさまざまな優遇策を設けていますが、長期的にみれば都内でも要介護者の人口が減少するでしょうし、土地の取得が困難などの判断からか、定期借地権方式による特養設置を推奨していると推察します（Q81参照）。

都の補助などの優遇策の例

▽特養を新設する社会福祉法人などへの建設費補助（整備率の低い市や区については補助額を最大1.5倍に増額）。
▽特養を長期（50年以上）の定期借地権で新設する社会福祉法人に対して当初5年間の地代補助。
▽防災拠点型地域交流スペースを一定規模以上確保した際の補助。
▽長期（50年以上）の定期借地権を設定した場合、地主へ路線価評価総額の最大3/4、2/3、もしくは1/2の地代を一時金として前払い（市区により補助基準が異なります。補助額の上限は10億円）。

都でも区部と市町村部では様相が異なりますが、需給バランスからしても特に区部では特養は生産緑地の活用方法として非常に有効です。

ただし、23区は特別区ですので、区長などの方針により高齢者問題への取組みの意識は異なっています。

特に先進的な取組みがみられる練馬区では、生産緑地などの農地を所有する農家から特養に長期定期借地契約で土地を貸すプロジェクトが進められ、すでに数件の実績があがっています。今後、このような取組みがほかの自治体にも広まることが期待されます。

　東京都を例にあげましたが、この事案に携わっている経験からすると、都のように切実に「2025問題」をとらえている自治体は少ないと感じます。

　例えば、前述の地代の一時金前払い制度は、国が前払い一時金の1/4を補助し、都道府県が残りの1/4を補助するという制度を創設し、都道府県に通達しているものですが、都以外にも埼玉県など、前向きにとらえている自治体もあれば、その制度自体を認識していないところもあるようです。対応は各自治体によってさまざまです。

　Q74の引用記事では、特養の設置が進んでいないことが報じられていますが、その要因が土地の取得が困難なことにあるとするならば、都や埼玉県などを除く多くの自治体には、「特養をつくるにあたっては、土地を手当てしたうえで公募に応じてください」という他人事(ひとごと)のようなスタンスではなく、生産緑地などを所有する農家に積極的に情報提供し、アプローチすることが期待されます。

　介護職の担い手が少ないというのは、別の悩ましい問題ですが、練馬区のような試みが生産緑地を抱えるほかの自治体にも広がり、それが地方自治体の待機者問題の解決手法の1つとして確立されることが求められます。

特別養護老人ホームのウエルガーデン春日部のイメージ（CG提供：㈱IAO竹田設計）

Q.76

特養に土地を貸す──50年定期借地

A. 用途が公益施設の建設で、地方自治体の認可が得られれば、生産緑地でも「一般定期借地権」を活用して貸し地することができます。

一般定期借地権による契約期間は50年以上となっており、50年に設定することができるので、略して「50年定借」とします（Q81参照）。

この50年定借で、社会福祉法人などが運営する公益施設の特別養護老人ホーム（特養）建設に貸し地すると、公的な補助金制度により、50年分の地代の一部が一時金として前払いされます。地方自治体にもよりますが、東京都は特養整備促進のため、下記の制度を設けています。

2020年度の場合をみると、地代の前払い一時金は、

路線価評価額×貸し地面積×3/4、2/3、もしくは1/2

（ただし10億円を限度とする）

となります。

仮に路線価評価額で坪単価80万円の生産緑地3300m²（1000坪）を50年定借で貸し地したとすると、

80万円×1000坪×3/4（2/3、1/2）＝6億円（約5.3億円、4億円）

となります。

この場合、前払いされる一時金は6億円（約5.3億円、4億円）です。これを問題解決や資産運用にあてることができます。このほか、毎年コンスタントに入る地代で安定収益も確保できます。

国や東京都などが特養建設への貸し地に補助制度を設けている理由は、待機者問題という早期に解決しなければならない大きな課題があるからです。

厚生労働省の調査によると、2013年の待機者数は52万2000人で、5年前から5万人増と急増傾向のため、2015年の制度改正で要介護1〜2の人は特

例を除き除外され、入居資格が「原則要介護3〜5の人」に限定されました。それでも、2016年の発表では待機者がまだ36万6000人もいます。

政府の一億総活躍国民会議では特養の待機者を2020年代初頭までに解消するという目標が設定されています。

高齢化や後継者の不在で営農の継続が困難になって諸課題を早期に解決したい場合や、指定後30年経過後の買取り申出を待って問題を解決するのに不安がある場合などは、生産緑地を活用する一方策として、現時点でも着手が可能な50年定借を検討してみる価値は十分あります。

> 例えば、所有する生産緑地3300m²(1000坪)を路線価80万円/坪、地代年率2.5%、50年定借で貸し地したとすると(特養100床程度、東京都・補助率3/4の場合)
> 1. 社会福祉法人から支払われる50年間の地代
>   ＝(貸地面積1000坪×路線価80万円×地代年率2.5%)×50年
>   ＝10億円
> 2. 地代の前払い一時金 (路線価評価額が基準)
>   ＝(貸地面積1000坪×路線価80万円)×3/4＝6億円
> 3. 一時金の運用方法＝収益物件の購入または収益施設の建設
> 4. 年間運用益＝6億円×年間利回り5〜6%(手残り)
>   ＝3,000万円〜3,600万円
> 一時金の運用益＋年間地代で安定収入が確保できます。
> 1. 年間地代＝(10億円−6億円)÷50年＝800万円
> 2. 一時金運用益＝3,000万円〜3,6000万円
> 3. 年間地代＋一時金運用益
>   ＝800万円＋(3,000万円〜3,600万円)
> 〈年間の総収入〉   3,800万円〜4,400万円

特養への50年定借による貸し地の前払い一時金の試算

生産緑地を50年定借で貸し地するメリット

▽地代の前払い一時金を相続税の納税資金、借入金の返済、収益物件への投資などに活用できる、▽貸し地に居住用建築物が建築されるため、固定資産税は通常納税額の1/6程度、都市計画税も1/3になるなど、さまざまな節税効果がある、▽一時金の収入は貸し地契約のため譲渡所得税が発生しない(相続評価では資産となる)、▽残した農地で体力にあった農業を継続できる、▽貸し地部分は一定期間後に戻ってくる、▽その間、地代が定期収入として入ってくる、▽建物の維持管理、入退去時の改修なども不要。

最大のメリットは、受領した地代の前払い一時金の活用にあるといえます。

Q.77

特養を建設して建貸しする──今できる活用方法②

A. 事前に地方自治体の認可が得られれば、生産緑地に所有者が自ら介護施設を建設して社会福祉法人などに賃貸し、運営を委託する、いわゆる介護施設の建貸しができます。

現に東京都などは、2018年度の特別養護老人ホームの整備について「事業者整備型」(50年定期借地)のほか、「オーナー整備型」として、建築補助制度を設け、土地所有者による建貸しを呼びかけています。

生産緑地を活用する場合、オーナー整備型は補助金が出るものの、自己資金も必要となり、借入れをすれば返済がともないます。また、建物の修繕も必要です。

賃貸期間も介護施設という性格上、オーナーの都合で早期返却というわけにはいきません。数十年はみておかなければなりません。契約期間や採算性など事前に十分な検討が必要です。

特養整備の２つの手法

■ **事業者整備型**

　施設を運営する社会福祉法人などが、土地所有者から土地の提供(売買または賃貸)を受けて施設を建設
　⇒運営主体が都に補助協議を行う。都は運営主体に補助金を交付

■ **オーナー整備型**

借地権を設定
①土地所有者が自分の土地に建物を整備
①′土地所有者から土地の貸与を受けて建設会社などが建物を整備
②運営事業者は、土地所有者などから建物の貸与を受け、事業を実施

権利設定なし

東京都の特養整備の補助制度
　　(出典：東京都の特別養護老人ホーム関係ホームページ)

オーナー整備型による整備について

- 2016年7月27日、国の規制緩和により、運営事業者が「建物」を借り受けて特養の運営が行えることとなった。

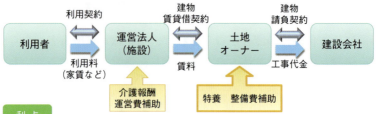

利点

土地所有者	○土地の所有権を維持したまま、資産活用、社会貢献が可能となる。 ○社会福祉事業は事業破たんのリスクが小さく、長期的に安定した賃料収入が得られる。
運営事業者	○事業運営期間中に渡り運営コストを平準化できる。 ○建物は土地所有者などが整備するため、整備にかかる新たな借り入れを必要としない。

東京都の特養整備の補助制度
（出典：東京都の特別養護老人ホーム関係ホームページ）

補助対象事業（特養）

対象事業	整備区分
定員30人以上の広域型施設である特別養護老人ホーム（※）およびこれに併設するショートステイの整備 ※定員が29人以下の地域密着型特別養護老人ホームの場合、都補助の対象外	● 創設 ● 増築 ● 改築 ● ユニット化改修 ● 増床型改修 ● 大規模改修 ● その他（改修型創設、療養転換創設、療養転換改築、療養転換改修、多床室のプライバシー保護のための改修、その他改修など）

東京都の特養整備の補助制度
（出典：東京都の特別養護老人ホーム関係ホームページ）

Q.78

社会福祉法人を設立して土地を寄付する――今できる活用方法③

A. Q74、Q75、Q76で、特別養護老人ホーム（特養）に土地を貸すというテーマを扱いましたが、生産緑地と特養は相性がよいといえます。指定後30年を経過していなくても生産緑地を所有する農家がその活用を検討することができるという利点もあります。

東京都には生産緑地を所有する農家（地主）に対して50年分の地代の一部を一時金として一括前払いする制度があります（Q75、Q76参照）。ただし、一部の地方自治体では定期借地権方式による特養の開設を認めていない場合もありますし、地方自治体によっては地代の前払い一時金制度のための予算を考えていないところもありますので、注意する必要があります。対応は各自治体によってさまざまです。

東京都のように定期借地権方式を採用し、地代の前払い一時金を制度的に補助する自治体ばかりではないので、そうした地域では、下記のような方法が考えられます。

例えば、自ら社会福祉法人を設立して社会福祉事業（特養の経営）を行うのです。この場合、社会福祉法人の基本財産として自らの生産緑地を寄付し、その所有権を個人から社会福祉法人へ移すことになります。

特養は介護保険料の収入が大きく、その上、監督行政からの助成もあります。つまり、健全に運営していれば継続性の高い安定した事業ができます。

法人税、登録免許税、固定資産税などの非課税措置によって社会福祉法人の土地、建物は非課税となり、社会福祉法人への寄付者に対する税額控除によって原則として土地を寄付しても非課税措置があります。

最大のメリットは、寄付をすることによって生産緑地の相続という極めて大きな問題を将来にわたって引きずることがなくなることです。

社会福祉法人は営利団体のような出資比率という考え方ではなく、理事会などの決議で運営する公益法人であり、特養は地域の高齢者をはじめ、介護を必要とする住民や自治体からも歓迎される施設といえます。

この提案は、生産緑地を所有する農家や行政担当者からは実現が困難な提

案ととられるかもしれませんが、次に実際にあった例を紹介します。

　20年近く前に社会福祉と全く無縁な人の社会福祉法人設立の手伝いをしたときのことです。当初は未利用地の有効活用が目的であったのかもしれませんが、設立者自らさまざまな施設を見学に行き、社会福祉法人の会計制度などを勉強する一方、夫人も他の同様の施設でのボランティア活動に励みました。このような経験が社会福祉事業に対する使命感や情熱を生み、愛情あふれる素晴らしい施設として実現したのだと実感しました。

　社会福祉法人には医療関係者が設立したもの以外にも、大地主や寺社が博愛の精神で設立したものなどが全国に数多くあります。しかし、それらの人々がすべて介護の専門家であったわけではありません。もっとも大切なことは公正さと博愛精神だと考えます。

　社会福祉施設は公益施設であり、行政の監査を受け、理事の構成にも厳格な規定がありますので、自分の土地だという考え方は通用しません。

　自ら理事長に就任し、運営の先頭に立ち、入居者へ愛情をもって接し、地域社会に貢献する事業ですから、生産緑地の活用を通じた社会貢献を考える人にとってふさしい事業だといえます。

　ただし、農家や一般の人が社会福祉の関係者と接触をもつのは難しいので、専門のコンサルタントに相談することをすすめます。

　なお、厚生労働省社会・援護局調べによると、社会福祉法人の数は1980年には9471法人、2015年には2万303法人と、35年間で倍以上の法人数になっており、東京都ではここ数年は毎年10法人程度増加しています（**Q79**参照）。

Q.79

社会福祉法人とは

A. 社会福祉法人は、社会福祉事業を行うことを目的に社会福祉法の規定にもとづいて設立された法人のことです。1951年に制定された社会福祉事業法（現・社会福祉法）によって創設されました。民法上の公益法人から発展した特別法人で、公益性と非営利性の両面の性格を備えています。

社会福祉事業を担う責務がある行政を本来的な経営主体としつつ、実施を民間に委ね、事業の公益性を担保する方策として措置制度（行政が行政処分によりサービス内容を決定し、それにともなって事業を実施する仕組み）が設けられました。つまり、措置を受託する法人に対し、行政からの特別な規制と助成を可能とするため、社会福祉法人という特別な制度が生まれました。

2017年3月31日現在、東京都には1072の社会福祉法人があります。

社会福祉法人の特性

公益性
　▽社会福祉事業を行うことを目的とする。
　▽非営利性。株式会社などとは異なり、設立時の寄付者への持ち分は認められない。
　▽事業利益を構成員への分配（配当）しない。
　▽役員などの関係者への特別の利益供与は禁止されている。
　▽残余財産は社会福祉法人その他社会福祉事業を行う者または国庫に帰属する。

安全性
　▽優遇措置により事業の安定性が確保されている。

社会福祉法人に対する優遇措置と規制監督

その公益性、非営利性にかんがみて、税制面や補助金交付などの優遇措置

があるが、優遇措置を受ける一方で義務として運営などに一定の要件が定められており、公的な規制や監督を受ける。

優遇措置
　▽法人税、登録免許税、固定資産税などの非課税措置。
　▽施設整備費、運営費に関する補助金の交付。
　▽退職手当共済制度に対する公的負担。
　▽社会福祉法人への寄付者に対する税額控除。

規制監督
　▽所轄庁による定款の認可、基本財産処分の承認など。
　▽所轄庁による指導監督（報告、指導監査、勧告・行政処分）。
　▽収益や資金の使途制限、解散時の残余財産の帰属先の制限。

社会福祉事業の種類
　社会福祉事業には第一種社会福祉事業と第二種社会福祉事業があります。
　第一種社会福祉事業とは、利用者への影響が比較的大きいため、経営安定を通じた利用者の保護の必要性が高い事業のことで、例えば、特別養護老人ホーム（特養）などがこれにあたり、経営主体は原則として行政や社会福祉法人となります。
　第二種社会福祉事業とは、利用者への影響が比較的小さいため、公的規制の必要性が低い事業のことで、保育園などがこれにあたり、経営主体の制限は原則としてありません（社会福祉法人でなくとも経営可能）。
　民間の経営する有料老人ホームと特養を混同する人がいますが、特養は原則として要介護3〜5の介護の必要性が高い人が入居する施設であり、所轄庁からの補助金なども民間の有料老人ホームなどに比べて大きく、公益的性格が強い施設といえます。
　なお、一定の要件もとに、公益法人（社会福祉法人を含む）などに財産を寄付した場合には譲渡所得税が非課税となります。

　　　　　　　　　　（参考：東京都の社会福祉法人設立認可説明会資料）

Q.80

認可保育園に土地を貸す──今できる活用方法④

A. 生産緑地は地方自治体の承認を得て認可保育園に貸すことができます。これは現在の待機児童問題の深刻さを考えると、社会的に有意義なことです。ただし、保育士の給与が低いことも話題となっているように、多大な地代が得られる事業ではないことを念頭に置いてください。

認可保育園に生産緑地を事業用定期借地権で貸す場合、20年程度が目安となるため、その後の活用をじっくり考える時間的余裕があるというメリットがあります。

なぜ、借地期間が20年かという点について考えてみます。少子化が進みつつある現在でも保育園は不足していますが、20年後は少子化がさらに進むと予測することができ、保育児童の数は減少するし、保育園の数が充足しているのではないかと考えられるからです。

Q74で述べましたが、生産緑地と保育園、生産緑地と介護老人福祉施設（特別養護老人ホーム）はとても相性がよく、2022年以降の生産緑地解除の問題を気にせず、生産緑地を保育園や介護老人福祉施設の敷地として活用する事業をスタートできます。

敷地の規模としては1反（1000m^2弱）あれば、標準的な保育園の設置は可能です。当然、望ましい立地は待機児童が多いエリアということになりますし、近隣の保育園との位置関係も大きく影響します。

待機児童問題は、都市部の地方自治体にとって最も重要な課題の1つですので、地方自治体も相談に乗ってくれると思います。

計画地は幹線道路沿いである必要はなく、建築基準法のほか、関係行政機関の指導要綱記載の要件を満たしていれば建設できます。

ただし、残念ながら、保育園経営者の実績や周辺の交通安全対策などに対する懸念から、設置に反対する近隣住民が存在することも念頭に置いておく必要があります。

社会福祉法人ドレミ福祉会の（仮称）ドリーム保育園分園のイメージ
（CG提供：㈱IAO都市施設研究所）

保育園内観のイメージ
（CG提供：㈱IAO都市施設研究所）

Q.81

定期借地権とは

A. 生産緑地を所有している人は、先祖から預かった農地を継続して所有したいという気持ちが強いと思います。そして、たとえ農業継続が困難となっても土地への思い入れから、自分の代で手放したくないと考えるのも当然だと思います。

また、「人に土地を貸すと返してもらえない」と考える人が多いのも当然で、旧借地法では、いったん土地を貸すと正当な理由がないかぎり、返却してもらうことが難しく、立退き料の支払いも高額でした。

1992年に借地法が改正され、借地人の保護に重点を置いた旧来の性格が大きく見直されました。旧借地法の性格を受継ぐ普通借地という制度とともに新たに3つの定期借地権が創設されました。

一般定期借地権

借地権の存続期間を50年以上に設定し、期間満了時に借地契約は終了し、借地人は土地を更地にして返還する必要があります。

建物譲渡特約付き借地権

借地権の存続期間を30年以上に設定し、期間が満了した際に地主が借地人から建物を買取ることで借地契約が終了します。

事業用定期借地権

事業用の建物の所有を目的とした借地権で、10～50年の期間を定めて契約します。公正証書での契約締結が要件となり、居住目的の建物には適用されず、ショッピングセンターなどの大規模商業施設、工場、物流施設などに適用される定期借地権です。

長期的に考える場合、家族の状況や周辺環境が大きく変わっている可能性もありますので、土地を貸す際には、借地期間が定められている上記の定期借地を選択するのが適当だと考えます。

第7章

農地、宅地、買取り申出後の生産緑地の活用例

Q.82

都市農地の資産価値と活用の際の注意点は

A. 2つの統計にもとづいて、首都圏、中部圏、近畿圏の三大都市圏の農家が保有する農地を資産価値という視点で考えてみます。

まず、「都市圏規模別将来人口の推移」（2004年版国土交通白書）によると、2015年の三大都市圏の人口は5112万人、2020年には5067万人、2040年には4587万人になると推計されています。

もう1つのデータは、「住宅・土地統計調査」（総務省）による住宅のストック数と空き家についてのデータです（国土交通省ホームページ「空き家の現状と課題」、次ページ以降の2つの図参照）。2013年の住宅ストック数は6063万戸、総世帯数は5238万世帯で、居住者のいない住宅は853万戸とされています。その中で賃貸用と売却用は計460万戸です。転勤や入院など長期にわたる不在や建替えなどのために取壊す予定の「その他の住宅」は318万戸とされています。今後も人口減少が加速する中で空き家は増えていくものと予想されます。

都市に居住していると、空き家の存在は地方都市や過疎化が進んでいる地域の問題だと錯覚しがちですが、2013年度の三大都市圏の空き家率は12.3％となっており、全国平均の13.5％と比較して水準は大きく変わりません。

しかし、都市圏は住宅の戸数が圧倒的に多いため、2013年度の東京都の空き家は81万7200戸、大阪府は67万8800戸、神奈川県は48万6700戸、愛知県は42万2000戸と驚くべき数の空き家が都市部に存在しています。

この2つのデータだけで、都市農地の資産価値が今後どうなるかという質問に答えるのは適当ではないのかもしれませんが、人口減というわが国の状況を踏まえれば、都市圏といえども都心以外では資産としての土地の価値が上昇すると考えるには無理があります。

東京でいえば、千代田区、中央区、港区のような超一等地のほか、人気のある特定のエリアの土地の資産価値は引続き上昇、または高水準を維持するでしょうが、都市農地の活用を考える場合、今後のファンダメンタルズ（経済の基礎的条件）が縮小する流れを意識しながら、リスクを最小限に抑え、

20年後、30年後も生き残れるような有効活用を心がける必要があります。

そこで、今後の生産緑地対策を検討するうえで、都市農家が保有する生産緑地以外の農地や余剰宅地の活用例を参考としていくつか紹介しておきます。これらの例は生産緑地の買取り申出後の活用方法としても参考になります。またQ63、Q64で紹介した生産緑地の換地手法によって宅地化した場合の活用方法の参考にもなると思います。

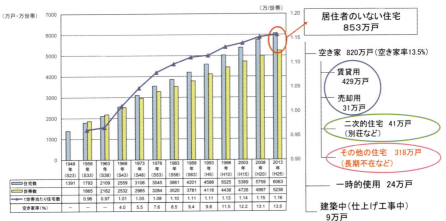

第7章 農地、宅地、買取り申出後の生産緑地の活用例　133

空き家の増加 ── 空き家の状況（三大都市圏とその他の地域）

○ 空き家率は、三大都市圏でも12.3％に及び、そのうち、長期不在・取り壊し予定の空き家（「その他の住宅」）の割合は　空き家の30％を占める。

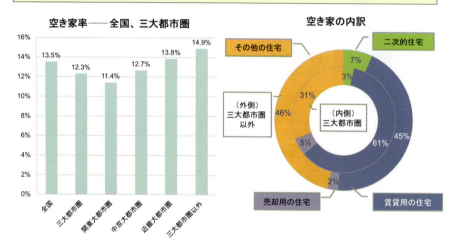

出典：国土交通省の空き家の現状と課題、総務省の2013年度住宅・土地統計調査

Q.83

定期借地権付き分譲マンション──確実に土地が戻る①

A. 都心部から30〜40分程度の距離にある農地や余剰宅地、買取り申出後の宅地化を考える生産緑地で、2反（2000m²弱）程度の面積がある場合、長期間（50年以上）土地を貸すという選択肢があります。定期借地権付き分譲マンション（定借マンション）を供給している大手ディベロッパーは多いので、その会社に相談するのが手取り早いのですが、各社ごとに得意なエリアや購買層の情報も異なるので、注意する必要があります。

定借マンションは、50年以上経過した時点で土地所有者に更地で返却することを条件とした借地契約のもとに建設され、借地の更新がないのが特徴です。

20〜30代の都市生活者にとって、すでにマイホームをもつ夢は薄らぎつつあります。年収の5倍程度で買える分譲住宅が少ないことも大きな要因かもしれません。

その点、定借マンションは土地所有権付き分譲マンションに比べて一般的に70〜80％の価格で取得できるのが魅力です。

分譲マンションのほうが圧倒的に人気があるのは事実ですが、マンションには生活の仕方や交通などの利便性の価値を買う側面もありますし、分譲マンションは将来、建替え時に多くの区分所有者の意見をまとめるのが非常にむずかしいなどのデメリットもあります。

一方、定借マンションには土地所有者にとって下記のようなメリットがあります。

▽将来、土地が返ってくるので長期的な展望が描ける。
▽継続的な地代とともに契約時に前払い地代などの一時金が得られる。
▽前払い地代で相続税納税準備資金が確保できる（ただし、前払い地代などは相続財産に含まれるので対策が必要）。
▽自分の建物ではないので、建物の固定資産税などがない。
▽同様に建物の改修やメンテナンスなどの維持費が不要。
▽土地の固定資産税などは居住用不動産扱いとなり、軽減措置がある。

▽借地権の付いた底地であるため、相続財産としての評価が下がる。

定期借地権付き分譲マンションのイメージ
（CG提供：㈱IAO都市施設研究所）

Q.84

定期借地権付き戸建て分譲住宅──確実に土地が戻る②

A. Q90の「優良戸建て住宅群」に似た形態ですが、大阪のディベロッパーが実践する「定期借地権付き戸建て分譲住宅」は、郊外に農地や余剰宅地、買取り申出後の宅地化を考える生産緑地をもつ地主にとって魅力のある有効活用の1つでしょう。

これはコモンガーデンという庭を中心に戸建て住宅が取り囲むように配置された分譲住宅群で、人々が抱く「土地は所有するもの」という先入観をくつがえすような住まいの在り方が示されています。

これには最低1反（1000㎡弱）程度の面積が必要ですが、良好な環境のもとで戸建て住宅に住むことができ、豊かな自然に囲まれたコミュニティの中で生活したいという人にとっては訴求力があり、最大の利点は、定期借地権付き分譲マンションの建設を検討対象とする地域よりも郊外で成立する可能性が高いということでしょう。

定期借地権付き分譲住宅には、Q83の「定期借地権付き分譲マンション」と同様の利点があります。

定期借地権付き戸建て分譲住宅のビレッジガルテン
(写真提供：シティサイエンス㈱)

Q.85

ロードサイド店舗——20年くらいの短期の活用方法

A. 郊外の幹線道路に面したところに農地が点在するのをよく見かけます。そうした農地や余剰宅地、買取り申出後の生産緑地の有効活用の検討にあたっては、まず用途地域を確認しますが、たいていの場合、ロードサイド店舗（ファミリーレストラン、コンビニエンスストア、ドラッグストアなど）という選択になるでしょう。

この場合、地主が建物を建てて借り手が建設協力金として建設費用の一部を出すケースや、建物は借り手が建てて地主は地代だけを受取る方式などいくつかの契約形態が考えられます。

期間的には20年程度の中期的な契約が多くみられます。20年程度で周辺状況が大きく変わる可能性もあるので、期間としてはちょうどよい期間かもしれません。この形態で注意を要することは、周辺環境の変化や業績悪化などにより、テナントが退去したときの対処の仕方にあります。

地主が建物の所有権を保有していれば、テナントが退去した後も地主には建物の固定資産税などの支払いや借入れの金融機関への返済の義務があり、取壊すことになっても、地主の責任で処分することになります。投資利回りや地代に踊らされることなく、テナントの撤退時にどのようなリスクがあるか事前によく確認することが重要です。

また、ロードサイドの農地の活用では別の点で慎重さが必要です。ロードサイドの農地の奥にさらに農地がある場合、単純にロードサイド店舗用地にしてしまうと、道路に面していない奥の農地は無道路地になります。将来にわたって建物が建てられない土地となるので、後背地を生かすには、道路にあてる土地を確保しておく必要があります。

ロードサイドの農地に道路を通すことには抵抗があるかもしれませんが、後背地を生かすための工夫も必要です。

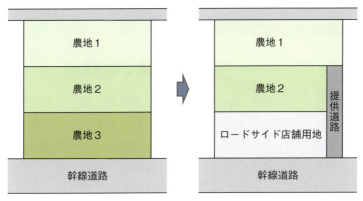

ロードサイドの農地を利用する場合、奥の農地への道路を設ける必要がある

ロードサイドの飲食店（写真提供：㈱IAO竹田設計）

Q.86

ガレージ付きアパート──収益物件を建てる（敷地：小）①

A. ガレージ付きアパートは、所有する農地や余剰宅地、買取り申出後の生産緑地が比較的狭くても対応できる活用方法の1つといえます。

　一般的な賃貸アパートは、周辺の環境や建物のグレード、駅からの距離、家賃など有利な条件の物件が近くにできれば経営が厳しくなり、経年変化とともに収益性は低下し、魅力のあるコンセプトがなければ陳腐化は避けられません。

　趣味などに強いこだわりをもつ人を対象にした賃貸住宅は、巨大なマーケットではなく、また、万人受けするものでもありませんが、一定数のユーザーが存在します。

　その1つが車やオートバイという趣味を持つ人々をねらった賃貸住宅です。高速道路のパーキングエリアで数百万円の高級オートバイが何十台も集まっているのを見たことがあると思います。高級自動車も高級オートバイも愛好家にとっては野ざらしにするなど考えられません。ただし、すべての人が屋内車庫をもつ富裕層であるわけでもありません。

　余暇や個性を大事にする時代を迎え、乗物にかぎらず、自分の趣味や主張を理解し合える仲間づくりに生き方の重点を置く人々が増えていくでしょう。

　ガレージ付きアパートのメリットは、
▽ほかの居住系施設と比較しても、投資コストが比較的小さい。
▽駅至近である必要はなく、優良な住宅地である必要もない。
▽居住系施設なので、固定資産税の減免などが期待できる。
▽同じ趣味を持つ人々が集まり、情報交換もさかんになり、入居稼働率が高止まりしやすい。

　デメリットは、
▽居住権という強い権利が発生する（期間を区切った定期借家契約などの賃貸契約が無難）。

ガレージ付きアパートのイメージ
(CG提供:㈱IAO都市施設研究所)

Q.87

トランクルーム──収益物件を建てる（敷地：小）②

A. 所有する農地や余剰宅地、買取り申出後の生産緑地に自分で収益物件を建てた場合、すべてのリスクを自分で背負い込むことになります。当然ながら、失敗すると先祖から受継いだ土地を手放すことになるかもしれないので、これは安易に考えることではありません。

Q82にあるように人口減や住宅の空き家問題を念頭に置くと、普通の賃貸マンションやアパートを建てるという手法はきびしいといえます。人口が減ればマーケットの規模が縮小するのは当然ですが、全体からみれば小さなマーケットであっても、希少性があったり収益物件のコンセプトが優れていた場合には、事業として成立し、比較的安定したビジネスモデルを見つけることは可能でしょう。

例えば、住宅を建替える際の家具、空き家を解体したときに出る荷物などを一時保管する施設の需要は、今後ますます大きくなると考えられます。

トランクルームには、建物の中にある屋内タイプと屋外にあるコンテナタイプがあり、荷物の出入れを運営会社が行うもののほか、荷物の出入れを利用者が24時間自由にできるものもあります。

生産緑地のような都市農地に設置する場合は、屋外型で利用者が24時間出入れできる物置き型やコンテナタイプが一般的でしょう。

メリット

▽建物はガスや水道の敷設が必要ないので初期投資が少ない。
▽10年くらい営業した後、次の転用が考えられる。
▽収益性が比較的高く、比較的短期で初期投資の回収が可能。
▽居住権や営業権などが発生せず、転用も容易。
▽利用者の頻繁な出入りはないので、多少不便な場所でも事業が成立する。

デメリット

▽第一種低層住居専用地域、第二種低層住居専用地域、第一種中高層住居専

用地域では建築できない可能性がある。
▽高価な品物を保管しない契約にしていても、盗難や防災上の観点からもセキュリティ機能の整備（防犯カメラなど）は必要。
▽複数の駐車スペースが必要。

　事業としては整地した駐車場の経営と比較されることになりますが、顧問税理士などとよく相談し、マーケットの可能性、初期投資コスト、減価償却費、将来性を検討する必要があります。

レンタルボックス（コンテナタイプ）のイメージ（CG提供：㈱加瀬倉庫）

Q.88

音楽愛好家マンション──収益物件を建てる（敷地：中）①

A. 農地や余剰宅地、買取り申出後の生産緑地の活用方法として音楽愛好家マンションがあります。

　都心に暮らす多くの音楽・楽器愛好家や音楽家にとって、楽器を演奏したり、大音量で音楽を楽しむ空間が限られていることが悩みの種です。東京都に本社を置くディベロッパーが提案し、実践している音楽愛好家のためのマンションには、分譲型もありますが、特に賃貸型が注目を集めています。

　音楽が学べる大学、短期大学、専門学校は全国に110校強あり、毎年約6000人（教育学部を除く）が進学しています。また、全国吹奏楽コンクールに登録している中学、高校、大学の団体は約1万、社会人の団体が566あり（2010年10月1日時点）、プロの音楽家でなくとも多くの演奏家がいます。スタジオを借りて演奏することも可能ですが、24時間音楽と暮らせる生活は彼らにとって魅力です。

　このマンションはドラムなどの特に音が大きな楽器を除き、ほとんどの楽器を自室で演奏できる、音漏れの非常に少ない防音対策が施されています。コンセプトとターゲットが明確になっているため、空室率は非常に低く、また賃料も1～2割高めに設定でき、空き部屋待ちをしている入居希望者も多くいます。

　また、グランドピアノを搬入できるマンションはなかなか見つからないので、グランドピアノを使って練習をしたい音楽学校の学生には人気の的だそうです。

　同じ趣味を持つ者同士ですから、マンション内の掲示板での仲間集めや、エントランスホールでの入居者ミニライブなどによって、自然とマンション内のコミュニティができあがる可能性も高まります。

　見過ごされている意外な顧客層に着目することによって、マンションオーナーにとって重要な資産価値の向上が実現する可能性があります。

ミュージション小平小川町のイメージ（CG提供：㈱IAO竹田設計）

ミュージション志木（写真提供：㈱リブラン）

Q.89

学生マンション──収益物件を建てる（敷地：中）②

A. 農地や余剰宅地、買取り申出後の生産緑地の活用方法として学生向けマンションがあります。学生向けマンションというと、学生数が減少傾向にあるのに、無理ではないかと考える人も多いでしょう。

　文部科学省など関係省庁が2008年に策定した「留学生30万人計画（グローバル30）」では「アジア、世界との間のヒト、モノ、カネ、情報の流れを拡大するグローバル戦略を展開する一環として、2020年を目途に留学生受け入れ30万人を目指し、優秀な留学生を戦略的に獲得」するとの方針が示されました。現在「スーパーグローバル大学創成支援事業」として、世界ランキングトップ100を目指す大学と、社会のグローバル化を牽引する大学を支援する制度が継続されています。

　少子高齢化が進むわが国で大学も生き残りに必死です。その解決策の1つが海外からの留学生の受け入れであり、留学生に選ばれる大学を目指すことも大学の重要な運営方針となっています。もはや日本の学生だけをターゲットにしている時代ではないのです。

　留学生を対象にした寮として、数百室という規模のものが続々とつくられており、これらは大学の敷地内や大学の近くに立地する特殊な例ですが、大都市圏では大学がある沿線に、留学生あるいは日本人学生のための比較的小規模なマンションが成立する可能性は高いといえます。

　また、高度成長期に都心から郊外へと移転した大学の多くが都心回帰を目指しており、それにともない、学生や海外からの研究者の居住の場も必要となります。学生向けのマンション開発を行うディベロッパーは大学と連携し、大学の長期的な構想も把握しているので、合格通知に同封して学生マンションの案内をするケースもあり、稼働率は非常に高く、加えて入居者の多くは卒業と同時に退去して長く居住することはないため、居住権の発生するリスクは低く抑えられます。

　ただし、大学の将来の移転計画などの情報収集は容易ではないので、見よう見まねで取組むのは避けるべきです。

学生向けマンションのノイメゾン小野原西
(写真提供:㈱IAO竹田設計)

Q.90

優良戸建て住宅群──収益物件を建てる（敷地：大）

A. 住環境にすぐれ、公共交通機関の利便性がよい、ある程度まとまった農地や余剰宅地、買取り申出後の生産緑地であれば、有効活用の方法として優良戸建て住宅群という選択肢も魅力的です。

大手企業の役員などの居住に適する住宅は案外少ないものです。単身赴任であれば、都心のマンション暮らしも便利ですが、昨今は働き方改革が叫ばれており、多くの会社員が家族との時間を大切にする生活スタイルになると思われます。

あるディベロッパーが手がける高品質な戸建て賃貸住宅群は、「集まって住むことで、住環境を創る」ことをテーマにしています。

高級賃貸マンションを建てるほうが土地のもつ容積を使い切るという点では優れていますが、まちづくりという観点や投資コストの点、将来に切り売りできるという点では、貸主には戸建て住宅群のほうが優れている場合もあります。

この賃貸住宅は、企業の役員や地元経営者向けの社宅ニーズをターゲットにした高品質な戸建てで、家賃もかなり高額です。

木造住宅なので工期は短く、基礎や杭工事の規模も小さく抑えられ、生産緑地を保有する農家が投資をする際は、投資コストが少なく済み、負債リスクも小さくなります。

また、住宅群は同じような世帯が集まる集合体であり、生活スタイルや考え方も似ている人が多くなるので、住民間で新たな仕事上の関係を築く可能性もあり、入居希望者が多く、空き家率も低くなっています。

さらに、相続などが発生した場合に備え、一部を切売りできるように当初から土地の分筆を計画しておけば、柔軟に対応できるというメリットもあります。

優良戸建て賃貸住宅群のコンセプトヴィレッジ

（写真提供：㈱コプラス）

Q.91

カレッジリンク型シニアハウス──大きな農地に向く活用方法

A. 広大な面積の農地や余剰宅地、買取り申出後の生産緑地の多くは郊外にありますが、その可能な活用方法は限られています。

例えば、太陽光発電事業などの社会インフラとしての活用もその1つですが、ここではカレッジリンク型シニアハウスを紹介します。

カレッジリンク型シニアハウスは、米国の名門大学の広大な敷地の一部に建てた、卒業生などリタイアした人を受け入れるシニアハウス（高齢者のための住宅）がその発祥です。

大学内には大学病院もあり、同窓生という間柄によるコミュニティづくりも比較的容易で、母校愛とともに馴染みのあるエリアで老後を楽しみ、社会人としての経験を積んだ後に自分の研究テーマをもって再度大学に通うという仕組みをつくっているところがポイントで、そのシニアハウスに入居するためには、家賃や学費を払うだけでなく、講義を受けることも求められ、真剣な就学が必要となります。

この住宅の居住者は認知症になる割合が低く、健康で活力のある生活を過ごしています。人生100年時代、わが国もすでに高齢者層の動きを無視できない状況となっています。

わが国は大学を卒業した社会人の数が非常に多いのにもかかわらず、大学を卒業後に再度学び直す人の割合は世界的にみて非常に低く、OECD（経済協力開発機構）が2012年に実施した 国際成人力調査（PIAAC）によれば、30歳以上の学校機関への通学率は、調査対象国18カ国の中で最下位となっています。

リタイアしたものの、まだ十分活力のある人々の経験や知恵を活用しないのは社会にとっても惜しいことですし、その本人にとっても不幸だといえます。

会社人間を卒業した後、あるいは子育てを終えた後、学ぶチャンスがあれば積極的に参加したいと考える人々が潜在的には大勢いるにもかかわらず、受け入れる体制が整っていないだけだと考えます。Q89で触れたように、

少子化の時代に大学が生き残るためには、若年層だけの大学という方向では成り立たなくなります。

このような提案は夢物語だと思われがちですが、この分野の研究はかなり進んでおり、一部の老舗(しにせ)ディベロッパーが研究に取組んでいますが、それを実現するだけのまとまった土地を取得するのは困難がともないます。

大学側としても都心に若年層を中心とする大学を置き、郊外に高齢者の就学にふさわしい環境、施設、宿舎をもち、病院まで併設できるような場所があれば、ディベロッパーとタッグを組んでカレッジリンク型シニアハウス事業に参画してくる可能性があると考えます。

ただし、農家が自らの資金でカレッジリンク型シニアハウスを建設し、大学を招致することはとても現実的ではありませんので、土地を貸すというのがこの場合のとるべき方向でしょう。

カレッジリンク型シニアハウスのイメージ
（CG提供：㈱IAO都市施設研究所）

おわりに

Q.92

専門家、不動産関係者、金融機関の都市農家への対応は

A. 2022年に指定後30年を迎える生産緑地の所有者にとって、これからの1～2年は、2022年に向けて生産緑地の今後の活用方法を決める正念場となります。

生産緑地を所有者する都市農家と接触の機会が多い専門家、不動産関係者、金融機関などもこれから数年は生産緑地とかかわることが多くなるはずです。生産緑地に関連するある程度の知識が必要です。

生産緑地関連の法改正、税制改正の知識

2017～2018年に実施された生産緑地関連の法改正、税制改正はやや複雑です。専門家はもちろん、不動産や金融機関関係者ならば知っているものと思い、税制改正での扱いなどについて質問されることがあるかもしれません。少なくとも生産緑地の法改正、税制改正の基本的な知識はもっておくべきです。

特定生産緑地

特定生産緑地の選択については都市農家の判断によりますが、安易にこれを選択することは問題の先送りに過ぎません。現状をよく見つめ、次の期限である10年後の状況や営農方針などを総合的に判断して選択するべき、とアドバイスすることも大切です。

農地としての活用

都市部にある生産緑地は農地としては広くはありませんが、生産緑地の所有者はそれぞれ独立性が強く、近隣同士であっても生産や販売の協力関係はあまりみられません。場所が離れていればなおさらです。

これからの時代は都市部において生産緑地所有者同士が生産、製造、加工、販売で協力関係を築き、効率化し、収益をあげる発想があってもよいと思います。

近隣の生産緑地所有者間の協力については、農協や金融機関などがコーディネーターになることもありえます。

買取り申出
　宅地化を考えている都市農家が最も知りたいのは、買取り申出をして宅地化した場合の活用方法です。

　東京五輪後の不動産市場が不透明であるため、買取り申出による宅地化は少数との見方もありますが、市街地内や利便性の高い地域では2022年から数年間は、相当数の生産緑地が買取り申出によって宅地化されるとみられています。

　その多くが収益建物への活用や売却となれば、専門家、不動産関係者、金融機関などがコンサルティングや実務で都市農家とかかわる機会が増えます。

　また、都市農家と直接会って生産緑地について相談を受ける場合、あらかじめ都市農家が所有する生産緑地の現場や周辺環境を見ておいたほうがより具体的な話ができます。生産緑地は個々の立地条件や周辺環境によって収益建物の適不適があり、対策が異なるからです。

　生産緑地の所有者の主要な関心事は、活用方法、収益性、採算性などです。特定生産緑地の指定ならば、耕作費、維持費を捻出できるような生産物の販売方法、買取り申出ならば、その先の宅地化後の収益建物の建築費、用途、収益性、採算性です。

　生産緑地の活用方法について相談を受ける際は、具体的な事例があるとよいと思います。事例があれば説明するほうも説明がしやすく、聞く側も関心をもちやすくなります。

　都市農家には、生産緑地のほかにも余剰宅地、採算性の悪い事業用地、貸し宅地（底地）、収益建物などを所有しているケースが多くあります。都市農家ならば、生産緑地だけでなく所有する不動産全体にわたって幅広く考えをめぐらしてヒントにしようとするからです。

2022年以降の景気や不動産市場の状況
　専門家、不動産関係者、金融機関などは立場上、景気や不動産市場の状況

に精通していると思われ、情報や見通しなどを質問されることがあります。2022年に向けて生産緑地の情報や不動産市場の情報収集が必要です。

納税猶予は終身営農が条件、避けるべき選択肢

相続税などの納税猶予の特例は、相続の時点では魅力的に映る制度ですが、終身営農のしばりや納税猶予の打切りなどの問題もあり、先々を考えれば避けるべき選択肢です。アドバイスできる知識をもっておくことも大切です（Q24、Q25、26参照）。

都市農家について

都市農家の多くは、農産物の育成、収穫、加工、製造、販売のすべてにかかわり、改善・改良方法を考え、天候を気にかけ、収穫量に一喜一憂しながら採算性を考え、しかも、過酷な労働までともなう農業という総合的な事業の経営者です。今は現場から離れていたとしても、数十年間はその経験があります。

また、その一部はマンション、貸しビル、倉庫などを扱う不動産管理会社の社長も兼ね、農地、宅地、建造物などを合わせると、数億円から数十億円の資産を管理している場合が大半です。

近年は高齢化のため、不動産会社の社長職を後継者に譲り、会長職に退き、所有する不動産の管理は専門の管理会社に委託しているケースが増えています。しかし、会長に退いていてもオーナーとして父親として、社長以上に発言権と決定権をもっています。

以上は参考にすぎませんが、今後、生産緑地関係で都市農家と接触する場合の予備知識として役立ちます。

Q.93

結論として生産緑地の所有者はどうすればよいか

A. Q55で説明したとおり、2022年に向けて生産緑地のよりよい選択をするために、この機会を利用して将来、何を中心にして生計を立てていくか、早期に解決し実現したいことは何かを洗い出し、いつごろまでに解決する必要があり、いつごろまでに実現したいかを検討してみるべきです。

この機会に生産緑地だけでなく総合的な見直しと将来設計を

　懸案の問題を解決し、予定していることを実現するためには資金が必要です。そのためには、まず土地を総合的に見直します。所有地全体の活用状況を見直すことにより、生産緑地を含めた土地活用の可能性の有無がわかります。当然それによって生産緑地の活用方法も明確になります。

自ら生産緑地の活用を選択できる30年ぶりの機会を大切に

　最も強調したいのは、1992年に生産緑地の指定を受けた都市農家にとって、2022年は30年ぶりに自らの考えで生産緑地の活用方法を選択できる、またとない機会であるということです。

　特定生産緑地の指定や買取り申出を安易に決めず、この機会に一から将来の方向や抱えている課題など全体のことを考えてみるべきです。

　特定生産緑地の指定を受ける場合、次に自ら生産緑地について選択できる機会がめぐってくるのは2032年になります。

　1992年に都市農家の主（あるじ）の年齢が55〜60歳ならば、2022年は85〜90歳、2032年になれば95〜100歳です。すでに後継者に相続していたとしても、親が25歳前後のときに後継者が生まれていれば、その年齢は2032年には70〜75歳に達します。

　特定生産緑地の指定を受けるにしても、買取り申出によって宅地化を目指すにしても、所有者自身が元気で、しかも所有する土地資産のすべてに精通している今のうちに総合的な見直しを行うべきです。所有地でありながら制約があるため、営農する以外に自分ではどうすることもできなかった生産緑

地です。このときを自ら活用方法を選択できる貴重な機会としてとらえるべきです。

家族の将来を考えた対策を

　総合的な見直しの結果として土地によって資金調達を行う場合、その活用方法は家族が納得できるものであり、家族の将来の安定収入につながるものでなければなりません。

総合プランのための一覧表づくりを

　個々の都市農家によって異なりますが、それぞれが抱えている課題を一覧表にすると、早期に何を解決したいかや、どの土地をどう有効活用すれば解決できるかなど、全体が見えてきます。

　早期に解決したい項目、これから実現したい項目、また、活用できそうな資産の項目には生産緑地のほか、余剰宅地、見直したい事業用地などを記入し、一覧表を作成します。一見して全体を把握できる一覧表があれば、家族と全体の状況を見ながら相談することができ、いつ、何に取組めばよいかなど、今後の方針を決めやすくなります。

専門家など外部の意見の活用を

　可能ならば、現状の検討の段階から外部の専門家などに参加してもらい、相談しながら将来構想までも含めた総合プランのための一覧表づくりをすすめます。

　総合プランの作成は専門家に依頼します。家族の意見、希望も入れた総合プランができれば、生産緑地の活用方法も明確に見えるようになり、2022年に向けた生産緑地についても納得できる選択ができます。

　さらに、具体的な実施プランは外部の専門家に数字入りで提案してもらい、提案されたプランをもとに家族で検討し、最終的に納得できれば、あとは順次実施に移せばよいと思います。

最後に

　2017年の生産緑地法改正で特定生産緑地制度が創設されました。その後、各地方自治体は特定生産緑地の指定手続きを開始していますが、申請の日程は地方自治体によってまちまちです。

　また、法文上は特定生産緑地の指定を「（生産緑地の）告示日から30年経過する日までに」行うとなっていますが、審査に一定の期間を要するため、実際には、30年経過日のおおむね1年〜半年前に指定申請が締切られるので注意が必要です。特定生産緑地の指定申請の最終期限や申請後に変更が可能かどうかについても確認しておくことが大切です。

　2022年に約80％の生産緑地が指定後30年を迎えますが、特定生産緑地の指定申請まで十分な時間があるとはいえません。

　これまで何度か申し上げてきましたが、生産緑地は都市農家の将来を左右しかねない貴重な資産です。しかも現在、生産緑地の活用方法を自ら選択できる、30年振りの、またとないチャンスを迎えています。

　生産緑地所有者の方は、①特定生産緑地の指定を受ける、②分割して部分指定を受ける、③買取り申出をする、④生産緑地のまま維持し、機会をみて買取り申出をする、⑤現時点でも可能な手法（50年定期借地による特養設置の前払い一時金の補助制度の利用など）を考える、のいずれかを、もしくはこれらを複合的に選択することになります。

　生産緑地の最良、最適の活用方法を選択するためには、特定生産緑地のメリット・デメリットをご家族とともにシミュレーションし、承継・相続問題、その間（10年間）の家族の状態、解決したい問題、実現したい課題などを十分検討することが大切です。今一度、総合的にご検討ください。

　本書が皆さまの最良、最適な選択の一助になれば幸いです。

用語解説と索引（50音順）

解除要件
　①生産緑地の指定後30年経過、②病気、事故などの理由で農業に従事できない場合（医師の診断書が必要）、③本人が死亡し、相続人が農業に従事しない場合に、生産緑地の指定解除要件を満たし、宅地化も可能な買取り申出ができる。
　＊Q16、Q32参照

買取り申出（かいとりもうしで）
　解除要件を満たして指定を解除する場合、生産緑地は保全すべき農地として指定されているため、所有者は生産緑地の買取り申出を行い、地方自治体が時価で買取ることが規定されている。地方自治体は買取りを検討し、1カ月間経過しても買取れない場合は、2カ月間ほかの農業関係者に買取りを斡旋（あっせん）し、生産緑地の維持継続に努める規定となっている。買取り不成立でも生産緑地を再び元に戻すことはできない。所有者は買取り申出から3カ月後に宅地化の手続きが可能になる。
　＊Q3、Q16、Q42、Q43参照

換地（かんち）
　土地区画整理により、整理前の土地の代わりに交付される整理後の土地のこと。土地区画整理事業とは道路、公園、河川などの公共施設を整備・改善し、土地の区画を整え、宅地の利用の増進を図る事業のこと。地権者においては、土地区画整理事業後の宅地の面積は従前に比べ小さくなるものの、都市計画道路、公園などの公共施設が整備され、土地の区画が整うことにより、利用価値の高い宅地が得られる。生産緑地を換地する場合、地方自治体の許認可を得て、既成市街地内の小規模な土地を区画整理する個人によるミニ区画整理として行う。
　＊Q63、Q64参照

逆線引き
　市街化区域でまとまった農地が残っている場合、都市計画の見直しにより、市街化区域から市街化調整区域に指定替えすること。
　＊Q38参照

激変緩和措置
　急激な税額の上昇などを抑制するため、段階的に上げる措置。2022年に特定生産緑

地の指定を受けず、指定後30年経過後も生産緑地を維持する場合、生産緑地の固定資産税などは宅地課税となる。これによる急激な負担増を緩和するため、以後5年間にわたって20％ずつ段階的に税額を上げていく措置が設けられる。
　＊Q16、Q23、Q27参照

減歩（げんぶ）
　土地区画整理事業を行うと、道路の拡充、公園の整備などのために新たな用地が必要となり、そのために供出された土地の面積と従前地の面積との差を減歩といい、提供する宅地の割合を「減歩率」という。減歩は公共用地にあてられるほか、売却して事業費にあてるための用地（保留地）とされる。
　＊Q64参照

建蔽率（けんぺい）
　建築物の建築面積の敷地面積に対する割合。防火や住環境を守るため、建築基準法上、原則として指定建蔽率を上回る建築面積の建物は建てられない。
　＊Q20参照

遡り課税（さかのぼ）
　相続税などの納税猶予が打切りになると、猶予を受けた時点まで遡って利子税を加算して課税されること。2022年に納税猶予を受けている者が買取り申出を選択する場合は打切りとなり、2カ月以内に遡り課税による全額の納税が必要となる。
　＊Q25、Q26、Q46参照

市街化区域
　「すでに市街地を形成している区域及びおおむね10年以内に優先的かつ計画的に市街化を図るべき区域」（都市計画法第7条第2項）。
　＊Q28、Q38、Q39、Q40参照

市街化調整区域
　「市街化を抑制すべき区域」（都市計画法第7条第3項）で、当面市街地をつくる予定のない農地や森林がある地域で、都市計画法にそぐわない建物は原則として建てられないとされている。
　＊Q28、Q38参照

実勢価格

売り手と買い手の間で需要と供給が釣り合い、実際の取引が成立する価格のこと。時価。

＊Q34参照

市民農園

児童や生徒の体験学習、高齢者の生きがいづくりなどの多様な目的のもと、一般の市民が個人で、あるいは家族、知人、友人とともに小面積の農地を利用して自家消費用などの野菜や花を育てるための農園のこと。

＊Q19、Q54参照

借地権

建物の所有を目的とする地上権または土地の賃借権のこと。

＊Q62、Q81

譲渡所得税

不動産などを売却して得た所得に対し課税される税金のこと。不動産の場合、譲渡した不動産の所有期間により、5年以内の短期譲渡所得、5年超の長期譲渡所得に分けられ、短期譲渡所得には39％、長期譲渡所得には20％が課税される。所有期間は実際に売却した日ではなく、売却した年の1月1日現在で計算。

＊Q25、Q48、Q76、Q79参照

生産緑地（生産緑地地区）

良好な都市環境、生活環境を確保するため、生産緑地法の目的に沿って、首都圏、中部圏、近畿圏の三大都市圏の特定市などの市街化区域内で単一または一団（複数）で指定を受けている農地。指定地区内にある採草放牧地、森林、農業用の水路・道路、漁業用の池沼なども生産緑地に含まれる。

＊Q1、Q27、Q28、Q36、Q37、Q39参照

生産緑地2022年問題

2022年に全国の生産緑地の約80％の約1万ha（約3000坪）が解除要件の指定後30年を迎え、地方自治体による買取りが不成立になれば、宅地供給量の急増、地価の大暴落などさまざまな事態が起こりかねないため、「生産緑地2022年問題」として注目されるようになった。

＊Q3、Q5、Q52参照

生産緑地の指定面積

　2017年の生産緑地法改正で最低500m²以上から、地方自治体が条例を定めることにより、単一または一団で最低300m²以上あれば認められるようになった。生産緑地には1カ所で数百m²から1万m²以上のところもある。

　＊Q11、Q12参照

生産緑地の相続税・贈与税の納税猶予

　生産緑地の相続時または贈与時に納税の猶予を受けられる特例制度。相続人または受贈者が相続税や贈与税の支払いのために農地を売却したり、農業を断念することを防ぎ、農地の分散防止や農業後継者の育成を目的としている制度。通常の方法で計算した本来の相続税・贈与税と農業投資価格に基づいて計算した相続税・贈与税の差額が納税猶予される税額となる。納税猶予を受けると終身営農が義務づけられる。

　＊Q24、Q48、Q50、Q51、Q53、Q54参照

生産緑地法（1974年）

　1974年に都市計画上、農林漁業と調和した良好な都市環境の形成に資することを目的とし、市街化区域内にある農地などで生活環境の保全や都市災害の防止、あるいは将来の公共施設整備に資する土地の確保、保全を目的に制定した法律。都市計画で生産緑地地区を定めることができるようになった。

　＊Q28参照

生産緑地法の改正（1992年）

　1991年に改正、1992年に施行。生産緑地には「売れない、貸せない、建てられない」という厳しい制約があるが、生産緑地の指定が解除される期間が指定後30年へと大幅に延長された。

　＊Q32、Q33参照

生産緑地法の改正（2017年）

　1992年の改正生産緑地法から30年経過を控え、「生産緑地2022年問題」への対策を兼ねて2017年に特定生産緑地制度を創設する（2018年施行）などの改正が行われた。

　＊Q10、Q11、Q13、Q14、Q15参照

底地（貸し宅地）

　借地権など宅地の上に存する権利の目的となっている宅地のこと。

　＊Q62参照

宅地
　不動産の登記などに使われる用語である地目(ちもく)の1つ。地目とは土地の現状、使用目的などにより分類された土地の種類を示す。田、畑、宅地、学校用地、鉄道用地、塩田、鉱泉地、池沼、山林、牧場、原野、墓地、境内地、運河用地、水道用地、用悪水路、ため池、堤、井溝、保安林、公衆用道路、公園、雑種地の23種類に分類されている。
　＊Q36参照

宅地並み課税
　将来宅地に転用されることが見込まれる特定市の市街地にある農地に対し、近隣の宅地に準じて固定資産税などが課税されること。
　＊Q29、Q30、Q44参照

定期借地権
　1992年施行された借地借家法により誕生。当初定められた契約期間で借地関係が終了し、更新はない。 一般定期借地権（借地期間50年以上、期間満了により原則として借主は更地にして返還）、建物譲渡特約付き借地権（契約後30年以上経過時点で土地所有者が建物を買取る）、事業用借地権（借地期間10年以上50年以下、あくまで事業用であり住宅は不可）の3タイプがある。
　＊Q75、76、Q80、Q81、Q83、Q84参照

田園住居地域
　2017年に都市計画法に基づいて創設された住居系用途地域の1つ（2018年施行）。農業の利用増進と調和させながら、良好な低層住居の環境を保護するために定める地域。田園住居地域が加わったことにより、市街地内の用途地域は工業系、商業系、住居系など13種類となった。
　＊Q20、Q40、Q52、Q53参照

転用（農地転用）
　農地を農地以外に利用すること。国の農業保護政策により、農地を農地以外に利用する場合、農地転用の許可や届出が必要。
　＊Q44、Q45、Q48参照

特定市
　都市計画法により特定されている東京都の特別区を含む首都圏、中部圏、近畿圏の三大都市圏にある政令指定都市および市域の全部または一部が既成市街地や近郊整備地帯

などに所在する市。都市計画で特定市として扱われている。
＊Q41参照

特定生産緑地
2017年の生産緑地法改正により創設された制度。2018年4月1日施行。生産緑地の指定後30年経過時までに特定生産緑地の指定を受けると、固定資産税などは農地課税のまま継続でき、買取り申出を10年延長でき、その後10年ごとの更新が可能。30年経過後は特定生産緑地の指定は受けられない。2022年に指定後30年を迎える生産緑地の保全を目的に創設されたといえる。
＊Q10、Q15、Q16、Q27、Q53、Q65、Q66参照

特定都市農地貸付け
市民農園などへの貸借をしやすくするため、特定農地貸付けの規定を準用した新たな仕組みの貸付け。2018年6月に「都市農地の貸借の円滑化に関する法律」（都市農地貸借法）によって設けられた。
＊Q19、Q54参照

特定農地貸付け
市民農園などを開設・運営する場合に活用されている貸付け。営利を目的としない農作物栽培、10アール未満で相当数の者を対象にした定型的貸付け、貸付け期間が5年を超えないなどが条件。貸付けについて農業委員会の承認が必要で、承認があれば賃貸などについての農地法の許可は不要。
＊Q19参照

都市計画区域
都市計画の基本理念（都市計画法第2条）に基づいて指定されている「一体の都市として総合的に整備し、開発し、及び保全する必要がある区域」（同法第5条）のこと。
＊Q28、Q38、Q39参照

都市計画法
「健康で文化的な都市生活及び機能的な都市活動を確保すべきこと並びにこのためには適正な制限のもとに土地の合理的な利用が図られるべきこと」（同法第2条）を基本理念として、1969年に施行された。
＊Q28、Q52参照

都市農業振興基本計画

　都市農業振興基本法に基づき、都市農業と都市農地のもつ多様な意義、機能の重要さを見直し、都市農業の振興について国が総合的、計画的に進める施策などを定めている。2016年の都市農業振興基本計画により、生産緑地やそれまで「宅地化するべきもの」とされてきた市街地内の農地を含む都市農地は「都市にあるべきもの」として位置づけが大きく転換された。

　＊Q8、Q9参照

都市農業振興基本法

　都市農業を安定的に維持、継続し、都市農地が持つ多様な機能を十分、適切に発揮できるようにして、良好な都市環境の形成に役立てることを目的として制定された都市農業振興のための基本法。

　＊Q7参照

都市農地の貸借の円滑化に関する法律（都市農地貸借法）

　生産緑地の貸借を円滑にできるようにした法律で、2018年9月1日に施行された。生産緑地のうち、地方自治体の定める基準に沿った耕作事業や市民農園であれば貸借でき、相続税の納税猶予は打切られないが、終身営農の義務は継続される。

　＊Q17、Q18、Q19、Q54参照

都市緑地法

　都市部の緑地を保全し、緑化を推進してより良好な都市環境の形成、健康で文化的な都市生活の確保に寄与することを目的として制定された法律。最近の改正で都市緑地に都市農地が加えられた。

　＊Q9、Q28参照

2018年度税制改正

　2017年12月、2018年度税制改正大綱として閣議決定され、多くの分野にわたり税制が改正された。生産緑地の関連税制も17年6月の生産緑地法改正を受け、多くの生産緑地が指定後30年を迎える2022年の選択肢に、大きな影響を及ぼすものとなった。

　＊Q22、Q23、Q53、Q54参照

認定事業計画に基づく貸付け

　地方自治体の認定を受けた耕作事業を行う個人や企業に生産緑地を直接賃貸する貸付け。2018年6月に「都市農地の貸借の円滑化に関する法律」（都市農地貸借法）によっ

て設けられた。
　＊Q18、Q54参照

農業経営基盤強化促進法
　「安心して農地を貸せる仕組み」と「効率的かつ安定的な農業経営を育成するための仕組み」によって、意欲のある農業経営者（認定農業者）を総合的に支援するために、1980年に制定された法律。2018年6月の改正により、農地を転用することなく農業ハウスなどの地面をコンクリート張りにすることが可能になるなどの改正がなされた。
　＊Q21参照

農業相続人
　相続人でその農地などを取得し、相続税納税期限までに農業を開始し、それ以降もその農地で引続いて農業を営んでいくと認められた人。
　＊Q24、Q46参照

農業投資価格
　農業に使用されることを前提にして国税局が定めた、相続税などを課税する際の評価額。相続人が農地などを相続して農業を営む場合、農地などの価額のうち農業投資価格を超える部分の相続税が納税猶予される。農業投資価格は通常の宅地評価額よりも低く設定されている。
　＊Q45、Q46参照

納税猶予の打切り
　生産緑地の指定解除要件を満たして買取り申出を行う場合や解除要件に反する行為が認められた場合、相続税や贈与税の納税猶予が打切られる。打切られると、本税に利子税を相続時や贈与時まで遡って加算したものを、2カ月以内に納税しなければならない。納税が免除されるのは農業相続人の死亡時のみ。生産緑地の指定後30年経過時や農業従事者の故障（身体の障がいや病気）の解除要件を満たしても免除されない。
　＊Q25、Q26、Q46、Q48、Q49参照

農地課税
　農地としての使用を前提とした土地に対する固定資産税などの課税方法。生産緑地の固定資産税などは農地課税で、宅地課税の1/600～1/900と極めて低い。一般農地と比べても1/200～1/300分程度。
　＊Q23、Q27、Q29、Q33、Q44参照

農地中間管理機構

　農地を貸したい人と借りたい人の中間的受け皿となる機関。農地バンク、農地集積バンクとも呼ばれる。

　＊Q21、Q49参照

農地の相続税の納税猶予

　農業を営んでいた人から農地を相続した農業後継者は、農業を継続して営むなどの一定の要件を満たした場合、相続税の納税が猶予され、農業後継者自身の相続が発生した際に猶予されていた相続税が免除される。これを農地の相続税の納税猶予の特例という。猶予および免除される相続税は、農地の評価額に基づいて算出される相続税額と、農業投資価格に基づいて算出される相続税額の差額で算出する。

　＊Q46、Q47参照

農地の贈与税の納税猶予

　農業を営んでいる人から農地の生前贈与を受けた農業後継者は、引続き農業を継続して営むなどの一定の要件を満たした場合、贈与税の納税が猶予され、贈与者または農業後継者の相続が発生した際に猶予されていた贈与税が免除される。これを農地の贈与税の納税猶予の特例という。贈与者と農業後継者が死亡した場合は猶予されていた贈与税は免除されるが、贈与者が死亡した場合は当該特例を受けて贈与税の納税猶予の対象となっていた農地については、生前贈与によりすでに農業後継者に名義が変わっているにもかかわらず、贈与者から相続したものとみなされて相続税の課税対象となる。また、農業後継者が引続き農業を継続して営むなどの一定の要件を満たした場合、相続税の納税が猶予され、農業後継者自身の相続が発生した際に猶予されていた相続税が免除される。

　＊Q46、Q47参照

法定更新

　借地借家法に基づいて、契約当事者が一定期間前に契約を更新しない旨、または条件を変更しなければ契約更新しない旨の通知をしない場合は、従前の契約と同一の条件で契約を更新したとみなされ、自動的に契約期間が更新されること。貸主が行う契約を更新しないなどの通知は、正当な事由がなければ行うことができないとされる。

　＊Q18、Q19参照

道連れ解除

　一団（近隣の複数の農地）で生産緑地の最低指定面積を満たしていても、一部が解除

された場合に、残された面積が基準面積を下回ることで、生産緑地の面積要件を満たさなくなり、生産緑地の指定が解除されること。2017年の生産緑地法改正により、地方自治体が条例で面積の下限を2017年以前の500㎡から300㎡まで引き下げられるようになったことで、一団で指定を受けている生産緑地が一部解除の発生時に道連れ解除となる可能性が少なくなった。そのため2017年の法改正には道連れ解除防止の効果があるといえる。

＊Q11、Q12参照

容積率

建築延べ面積（延べ床面積）の敷地面積に対する割合のこと。建築基準法上、原則として指定容積率を上回る延べ床面積の建物は建てられない。

＊Q20、Q71参照

用途地域

市街化区域内の用途の混在を防ぐため、都市計画で住宅系、商業系、工業系など用途によって分けられている地域。現在13種類の用途地域があり、生産緑地地区もその中のいずれかの地域に含まれる。

＊Q20、Q38、Q40参照

利子税

相続税や贈与税などの国税の延納により、期間に応じて課される付帯税のこと。生産緑地に関する相続税や贈与税の納税猶予が打切りとなった場合、本税とともに利子税を相続時や贈与時まで遡って加算して納付しなければならない。

＊Q25、Q26、Q46、Q48参照

路線価

道路（路線）に面する宅地1㎡あたりの評価額。路線価は毎年1月1日を評価時点として、7月に発表される。公示価格の8割程度が基準。路線価には相続税路線価と固定資産税路線価がある。

＊Q44、Q45、Q75、Q76参照

著者プロフィール

藤田　壮一郎（ふじた　そういちろう）

一級建築士、宅地建物取引士
日経団ビジネス開発株式会社　代表取締役
特定非営利活動法人都市農家再生研究会　専務理事

　大学卒業後、大手・中小ゼネコンに約20年間勤務。その経験を生かして1999年に総合コンサルティング会社である日経団グループに入社。中小企業オーナーや資産家の問題解決にプロジェクトコンサルタントとして従事。特に都市農家が所有する生産緑地の再生や相続、収益改善のコンサルティングは15年以上に及ぶ。2016年から練馬区の「高齢者福祉施設整備促進のための土地活用」の相談員として、土地活用希望者の相談などにも対応。その他、相続・相続税と生産緑地、生産緑地2022年問題などをテーマにしたハウスメーカーや金融機関などのセミナー講師も多数務める。
E-mail：webmaster@nikkeidan.com
＊まえがき、第1章、第2章、第3章、第5章、おわりにを主に執筆

原　雅彦（はら　まさひこ）

宅地建物取引士、ファイナンシャルプランナー（CFP）
株式会社IAO都市施設研究所　取締役
株式会社IAO竹田設計　プロジェクト推進室　所長（兼務）
特定非営利活動法人日本ファイナンシャル・プランナーズ協会兵庫支部　初代支部長
同協会近畿ブロック副ブロック長、同協会本部監査委員を歴任

　大学卒業後、金融機関（現・尼崎信用金庫）に約10年勤務する。退職前4年間は日本金融新聞社の個人表彰を含め、連続して個人別総合成績全店トップ。1988年、株式会社IAO竹田設計入社。不動産の有効活用の企画・提案業務、震災マンションの建替え、特養など創設業務、共同化事業などのコンサルティングを行い、現在に到る。
E-mail：soudan@iao-lab.co.jp
＊第6章、第7章を主に執筆

中村　優（なかむら　まさる）

税理士、公認会計士
税理士・公認会計士中村優事務所　代表
至誠清新監査法人　代表社員（兼務）

　大学卒業後、監査法人、会計事務所、経営コンサルティング会社に約12年間勤務後、2005年、会計事務所を独立開業、中小企業などの資金調達支援・事業承継支援業務、個人の相続対策業務を行うとともに、監査法人において上場会社などの監査業務に従事、現在に至る。
E-mail：nmasaru@sky.plala.or.jp
＊第4章を主に執筆

生産緑地はこう活用する Q&A
2022年問題に向き合う

発行日	2019年2月15日	第1版第1刷
	2019年7月31日	第1版第2刷
	2020年7月10日	第1版第3刷
著　者	藤田　壮一郎	
	原　　雅彦	
	中村　優	
発行者	和田　恵	
発行所	株式会社日刊建設通信新聞社	
	〒101-0054	
	東京都千代田区神田錦町3-13-7	
	TEL：03（3259）8719	
	FAX：03（3233）1968	
	http://www.kensetsunews.com	
ブックデザイン	株式会社サンケン	
印刷・製本	株式会社シナノパブリッシングプレス	

乱丁・落丁はお取り替えいたします。
本書の全部または一部を無断で複写、複製することを禁じます。

©2020　Printed in Japan
ISBN978-4-902611-79-3